書山有路勤為徑
學海無崖苦作舟

文經閣

世界名人名言

One small step for men, one giant leap for mankind

與名人做直憾人心的心靈交流

郭台銘　阿里山的神木成其大，四千年前種子掉到土裡時就已決定了

羅伯・舒樂　只要你有夢想，又肯抬腳走，那麼你的腳肯定比山高

李健熙　生命中除了老婆、孩子，一切都要變

阿姆斯壯　這是個人的一小步，卻是人類的一大步

哥倫布　即使是簡單的事也需要有人去發現

小萊特兄弟　鳥類中會說話的只有鸚鵡，而鸚鵡是飛不高的

索羅斯　我只是讓我的錢為我說話

彼得度拉克　用腳走不通的路，用頭腦可以走得通

李開復　很多時候，放棄也是一種收獲

黃河長　著

書山有路勤為徑
學海無崖苦作舟

文經閣

序言

人人都會說話，但幾個人真正會說話呢？

語言是人們進行溝通和交流、參與社會生活的特殊工具。人們說出去的話就好像是朝河流裡投擲的石塊，總要或大或小地濺起不同的水花。有的水花濺得又高又漂亮，而且能給周圍的人帶來涼爽的快感，從而得到鮮花和掌聲；有的水花濺得別人滿身污漬，引來謾罵，甚至痛打；也有的石塊雖然投擲出去了，卻沒有濺起任何波瀾，毫無聲響。

巧妙的語言正是那第一種石塊，是自信人生的旗幟，是人際溝通的潤滑劑。它不是庸俗的笑話，也不是當眾出洋相、耍活寶，而是「一種高尚的情緒」，「對事物矛盾性的機敏反應」。

名言妙語是思想、學識、智慧、靈感的結晶，它多以滑稽、詼諧、生動、形象的語言形式，去淡化人的消極情緒，消除沮喪的痛苦，擺脫尷尬的窘境，鬆弛沉重的心態，化解人際的衝突，表達思想的內涵。即使是極為嚴肅的思想主題，一句簡單的妙語，也會令人冰釋煩惱和鬱悶，感受其中的底蘊，甚至得到哲理的啟示。

綜觀歷史，許多偉大的先驅、領袖、政治家、名人，都是得妙語之幫助而獲致偉大的成就。

沒有妙語相助，有許多事情便無法順利地解決。此外，許多不可能的事情變為可能也是藉得妙語的幫助。

本書精選了名人值得玩味的妙語，相信它「濺起」的「水花」會給您帶來「涼爽的快感」，同時讓您得到心靈的感悟和哲理的啟示。

目 contents 錄

目 contents 錄

目 contents 錄

阿里山的神木成其大，四千年前種子掉到土裡時就已決定了

郭台銘

從創立鴻海的第一天起，郭台銘就目標明確，即把公司發展成為台灣第一、亞洲第一、世界第一的企業。他說：「阿里山的神木成其大，四千年前種子掉到土裡時就已決定了，絕不是四千年後才知道的。」

在一次演講會上，郭台銘談及企業全球佈局與全球化經營時，不無幽默地說：「企業經營者的頭腦中要裝進去一張『世界地圖』，而不能像台灣民進黨的大腦，都只裝著台灣地圖。」正是有了這種心胸和視野，他才把一個成立之初只有10名員工的小廠，發展成為全球員工多達五萬人的跨國集團。

1971年，郭台銘畢業於台灣「中國海專」，進入當時台灣前三大船務公司之一——復興航運工作。不過，他並不甘心永遠靠海為生，過飄泊、不穩定的日子。1974年，郭台銘向岳父借

錢買下當時的鴻海工業公司，從事黑白電視機零元件代工生產。

1977年，郭台銘賺到了人生的第一桶金。與周圍的富商不同，他沒有用這筆錢買房置地，而是從日本購買模具設備，建起了自己的模具廠。隨後，台灣火熱的房地產仍然沒有阻擋住郭台銘投資開工廠的熱情。

當「鴻海精密」陸續建立起電鍍部門與沖壓廠後，郭台銘迅速拉開了與同行的距離，並在20世紀80年代個人電腦工業起飛中，以成熟的模具技術進入個人電腦連接器領域，建立起令後人驚嘆的連接器王國。

1999年，郭台銘一口氣吞下華升、廣宇等企業，進行逆向整合，使鴻海精密發展成為鴻海集團，由地區性大廠搖身一變成為世界級的企業。2001年，鴻海以1442億元台幣營收，名列《天下雜誌》台灣1000大民營企業龍頭。

三軍可奪帥也，匹夫不可奪志也。在經商過程中，許多人被眼前暫時的豐厚利潤束縛住了手腳，迷失了前進的方向，結果最終喪失了把公司做強、做大的機會。郭台銘的創富歷程告訴我們，首先要有一顆長大的雄心，才有可能屹立於世界經濟舞台，才能打造一家百年老店。

只要你有夢想，又肯抬腳走，那麼你的腳肯定比山高

羅伯·舒樂

一九六八年的春天，羅伯．舒樂博士立志在加州用玻璃造一座水晶大教堂，他請了一個著名的設計師來設計。

設計師問他預算，舒樂博士說：「我現在一分錢也沒有，所以一百萬美元與五百萬美元的預算對我來說沒有區別。重要的是，我有這樣一個夢想，而且，我深信中學時一個老師說的話：『只要你有夢想，又肯抬腳走，那麼你的腳肯定比山高。』你只要把教堂設計得有足夠的魅力，我就能找來足夠的捐款。」

教堂最終的預算為七百萬美元，在當時這是一個天文數字。

當天夜裡，舒樂博士拿出一張白紙，在上面寫上「七百萬美元」，然後又寫下十行字：

一、尋找一筆七百萬美元的捐款；

二、尋找七筆一百萬美元的捐款；

三、尋找十四筆五十萬美元的捐款；

四、尋找二十八筆二十五萬美員的捐款；

五、尋找七十筆十萬美元的捐款；

六、尋找一百筆七萬美元的捐款；

七、尋找一四〇筆五萬美元的捐款；

八、尋找二八〇筆二萬五千美元的捐款；

九、尋找七百筆一萬美元的捐款；

十、賣掉一千扇窗，每扇七百美元。

六十天後，舒樂博士用水晶大教堂奇特而美妙的模型打動富商約翰·可林捐出了第一筆一百萬美元。

第六十五天，一位傾聽了舒樂博士演講的農民夫婦，捐出第一筆一千美元。

九十天時，一位被舒樂孜孜以求精神所感動的陌生人，在其生日的當天寄給舒樂博士一張一百萬美元的銀行支票。八個月後，一名捐款者對舒樂博士說：「如果你的誠意與努力能籌到六百萬美元，剩下的一百萬美元由我來支付。」

第二年，舒樂博士以每扇五百美元的價格請求美國人認購水晶大教堂的窗戶，付款的辦法為每月五十美元，十個月分期付清。六個月內，一萬多扇窗全部售出。……

一九八〇年九月，歷時十二年，可容納一萬多人的水晶大教堂竣工，成為世界建築史上的奇蹟與經典，也成為世界各地前往加州的人必去瞻仰的勝景。

水晶大教堂最終的造價為二千萬美元，全部是舒樂博士一點一滴籌集而來的。

不是每個人都要建一座水晶大教堂，但是每個人都可以設計自己的夢想，每個人都可以攤開一張白紙，敞開心扉，寫下十個甚至一百個實現夢想的途徑。

耽誤我的時間的損失大於一美元

富蘭克林

班傑明．富蘭克林——資本主義精神最完美的代表，十八世紀美國最偉大的科學家、著名的政治家和文學家。他一生最真實的寫照是他自己所說過的一句話：「誠實和勤勉，應該成為你永久的伴侶。」

一七〇六年一月十七日，班傑明．富蘭克林出生於北美於波士頓。他一生熱愛科學，雷電就是他首先發現的。富蘭克林不僅是一位優秀的科學家，而且還是一位傑出的社會活動家。他一生用了不少時間去從事社會活動。富蘭克林特別重視教育，他興辦圖書館、組織和創立了多個協會，目的都是為了提高各階層人的文化素質。

正當他在科學研究上不斷取得新成果的時候，由於英國殖民者的殘暴統治，北美殖民地的民族解放運動日益高漲。為了民族的獨立和解放，他毅然放下了實驗儀器，積極地挺身站在戰場的最前線。從一七五七到一七七五年他幾次作為北美殖民地代表赴英國談判。獨立戰爭爆發後，他參加了第二屆大陸會議和《獨立宣言》的起草工作。一七七六年，已經七十高齡的富蘭克林又遠渡重洋出使法國，贏得了法國和歐洲人民對北美獨立戰爭的支援。一七八七年，他積極參加了制訂美國憲法的工作，並組織了反對奴役黑人的運動。

一七九〇年四月十七日，班傑明・富蘭克林逝世。四月二十一日，費城人民為他舉行了葬禮，兩萬人參加了出殯隊伍，為富蘭克林的逝世服喪一個月以示哀悼。班傑明・富蘭克林就這樣走完了他人生路上的八十四個寒暑，靜靜地躺在教堂院子裡的墓穴中，他的墓碑上只刻著：「印刷工富蘭克林」。

有一次，一個男子在班傑明・富蘭克林的書店外已經徘徊了一個小時了，終於，他向店員問道：「那本書多少錢？」

店員回答道：「一美元。」

這個男子顯然很吃驚，高聲說道：「一美元！能便宜些嗎？」

「對不起。不能再便宜了，就是一美元。」店員說道。

看來這個人是真有心想買這本書，他沒有走，反倒又看了看那本書。最後，他抬起頭說：「富蘭克林先生在嗎？」

店員說：「在，但正忙著印刷室的事情呢。」

男子說道：「我想見他一下。」

店員在這位男子的再三堅持下把老闆富蘭克林叫來了。這位男子問富蘭克林：「這本書的最低價格是多少？」

富蘭克林很堅決地回答：「一・二五美元？」

「一・二五美元？不會吧，你的店員剛才說是一美元。」那男子驚訝地說。

富蘭克林說：「但是你浪費了我的時間，我損失的時間可比一美元要貴重得多。」

男子吃驚得半天合不攏嘴，為了儘快結束這場讓自己感到莫名其妙的對話，他又一次問道：「你就給個最低價吧。」

富蘭克林毫不猶豫地說：「一・五美元。」

「什麼？可是你剛才說是一・二五美元啊。」

「是啊，但到現在為止，你已經浪費了我太多的時間了，它的價值要遠遠超過一・五美元。」

這個男子沒有再多說什麼，默默地把錢放在櫃檯上，拿起書離開了。這次購書經歷對於他來說是獲益匪淺，因為他從這位如此看重時間價值的書店老闆身上學到了一個道理：從一定意義上來說，時間就意味著金錢。

對農民來說，時間就是糧食；對工人來說，時間就是財富；對醫生來說，時間就是生命；對軍事家來說，時間就是勝利；對教育家來說，時間就是知識；對科學家來說，時間就是速度；對企業家來說，時間就是金錢；對我們大家來說，時間就是一切。

但在實際生活中，由於時間看似一種並不缺乏的資源，其流失也是一種無形的損耗，許多人並沒有把時間當一回事，隨意浪費時間的現象普遍存在。正因為時間的不可逆性，我們要時刻樹立起節約時間，提高時間利用效率的意識，讓時間資源在生活中得以有效配置和最佳利用。

這就是相對論

愛因斯坦

愛因斯坦是現代物理學的開創者和奠基人。一八七九年三月十四日生於德國的烏爾姆，一九五五年四月十八日卒於美國的普林斯頓。

愛因斯坦一九〇〇年畢業於瑞士蘇黎世聯邦工業大學，畢業後即失業。在朋友的幫助下，才在瑞士聯邦專利局找到工作。一九〇五年獲蘇黎世大學博士學位。一九〇九年任蘇黎世大學理論物理學副教授，一九一一年任布拉格大學教授，兩年後任德國威廉皇家物理研究所所長、柏林大學教授，當選為普魯士科學院院士。一九三二年受希特勒迫害離開德國，一九三三年十月定居美國。

愛因斯坦在物理學的許多領域都有卓越貢獻，比如研究毛細現象、闡明布朗運動、建立狹義相對論並推廣為廣義相對論、提出光的量子概念，並以量子理論清楚地解釋光電效應、輻射過程、固體比熱，發展了量子統計。愛因斯坦於一九二一年獲得諾貝爾物理學獎。

為了使門外漢更透徹地理解相對論，一生致力於時間研究的阿爾伯特．愛因斯坦有一個廣為人知的比喻：「一位先生和一位漂亮女孩在一起待上一小時，他會感覺像一分鐘；但如果讓他在火爐上待上一分鐘，他會感覺比一小時還長。這就是相對論。」

一項偶然的發現證明，美女—火爐說並不僅僅是一個聰明的臆想。有人在圖書館吃驚地發現了這一說法的最初來歷：它確實是愛因斯坦發表在現已停刊的雜誌《放熱科技》上的一篇小文章的摘要。顯然，為了簡明地解釋相對論，這位偉大的理論家曾經親手做過實驗。下面就是那篇短文的全文。

〈外在感官輸入的時間膨脹效應〉Ａ．愛因斯坦，高等研究協會，新澤西州普林斯頓高級研究院。

摘要：一位先生和一位漂亮女士在一起待上一小時，他會感覺像一分鐘；但如果讓他在火爐上待上一分鐘，他會感覺比一小時還長。這就是相對論。

關於觀測者對時間流逝的感知，參照系是至關重要的，所以觀測者的精神狀態也許是對時間流逝感知的一個附加因素。因此我努力在兩種顯著不同的精神狀態下研究時間的表觀流逝。

實驗方法：我需要找到一個火爐和一位漂亮女士。不幸的是，找一個火爐並不那麼容易，因為幫我做飯的女傭禁止我進入廚房。不過，我設法弄到了一個一九二四年生產的烤蛋餅的鐵板。因為該鐵板能達到很高的溫度，完全可以代替火爐來做試驗。因為我目前住在新澤西州，要找一個漂亮女士就更成問題了。我認識查理・卓別林，去他公司參加過他一九三一年的電影《城市之光》（City Lights）的開幕式，所以我請求他安排我與他的妻子見一次面。他的妻子、電影明星戈達德有「天仙」之稱，也就是說，是位美人，而且是絕色美人。

討論：我坐火車去紐約見戈達德小姐，我們在中央車站一帶的酒吧見了面。她的美麗讓我看了興奮，當我感覺一分鐘過去了的時候，我看了看錶，發現已經過了整整五十七分鐘，我把它取整為一小時。我一回到家裡，就馬上插上蛋餅鐵板加熱，然後穿著褲子和長襯衫坐在上面。當感覺一個小時已經過去的時候，我站起來看了看錶，發現實際上還不到一秒鐘。為了保持描述這兩種環境時的單位一致性，我將就地說成是一分鐘。之後，我叫來了一位醫生。

結論：在對時間的感知上，觀測者的精神狀態有著至關重要的作用。

雖然反對愛因斯坦學說的學者們不同意，但是，美女－火爐實驗也許可以解釋他的另一句箴言：「如果我們預先就知道事情的結果，那就不能稱之為研究，不是嗎？」

此後，愛因斯坦還扮演過一次滑稽角色。聽聽他對無線通訊的解釋吧：「無線電報並不難理解，普通電報就像一隻非常長的貓，你在紐約扯牠的尾巴，牠就在洛杉磯『喵喵』直叫。

無線電報也一樣，只是沒有貓。」據說，這一說法曾搞得薛定諤（也是著名的物理學家）整夜睡不著覺。

科學家以他發現自然的奧秘來改善我們生活的品質。但是即使在他們似乎嚴肅思考的那一刻，我們知道他們也一定擁有幽默感。在締造偉大發現的過程中，必須以幽默的態度對待。

這個例子雖然沒有告訴我們，愛因斯坦在研究相對論時曾經遇到過什麼特殊問題，但是，它幫助我們了解他的困難，以及他希望以人人都能理解的話來表達他的偉大發現。這就是富有創意的溝通。

用得著嗎？

愛迪生

湯瑪斯・阿爾瓦・愛迪生（一八四七—一九三一），偉大發明家、企業家。

愛迪生一八四七年在美國俄亥俄州米蘭鎮出生，一九三一年某日清晨三時二十四分，愛迪生帶著寬慰的微笑，閉目辭世，享年八十四歲。臨終時他坦然地說：「我為人類的幸福，已經盡力了，沒有什麼可遺憾的了。」舉行葬禮的那天，全美國熄滅電燈一分鐘，以示哀悼。這是人們表達對愛迪生無限懷念之情的最隆重的方式，也是人們獻給這位偉大發明家的一曲無言的讚歌。

十九世紀被譽為科學的世紀，也是以科學的技術化和社會化為突出特點的世紀。科學在這個世紀開始成為社會生活的一個重要部分。風起雲湧的偉大創新轉變成為技術科學的巨大威力。這個世紀的一些科技巨擘繼續活躍於二十世紀。愛迪生就是其中之一。美國《生活》

週刊不久前評出的過去一千年的一〇〇位最有影響力人物中，愛迪生名列第一。

愛迪生是美利堅民族崇尚的那種傳奇般的人物——雖未受過良好的學校教育，但憑藉個人奮鬥和非凡才智獲得巨大成功。他自學成才，以堅韌不拔的毅力、罕有的熱情和精力從千萬次的失敗中站了起來，克服了數不清的困難，成為美國著名的發明家、企業家。

他早年曾制訂雙工式和四工式電報系統，發明自動電報幫電機；一八七七—一八七九年發明留聲機；實驗並改進了電燈（白熾燈）和電話；之後又改進了照明系統，並為實現集中供電進行了許多研究；他提出並採用直流三線系統，製成當時容量最大的發電機，並於一八八二年利用該機建成了第一座大型發電廠；與此同時，做了鐵道電氣化的試驗；一八八三年發現「愛迪生效應」，即熱電子發射現象；在電影技術、礦業、建築、化工等方面也有不少著名的發明，從一八六九年到一九〇一年，共取得了一千三百二十八項發明專利。在他的一生中，平均每十五天就有一項新發明，他因此而被譽為「發明大王」。

愛迪生不僅是一位發明家，還從事製造工作，並且籌建了幾個公司，其中最重要的一家後來成為通用電氣公司。

愛迪生獻身科學、淡泊名利，他的生活也非常簡樸。

愛迪生未成名前是個窮工人。一次，他的老朋友在街上遇見他，關心地說：「看你身上這件大衣破得不像樣了，你應該換一件新的。」

「用得著嗎？在紐約又沒人認識我。」愛迪生毫不在乎地回答。

幾年過去了，愛迪生成了大發明家。

有一天，愛迪生又在紐約街頭碰上了那位朋友。

「哎呀，」那位朋友驚叫起來，「你怎麼還穿這件破大衣呀？這回，你無論如何要換一件新的了！」

「用得著嗎？這兒已經是人人都認識我了。」愛迪生仍然毫不在乎地回答。

衣服只是人外在的修飾。「衣服是因穿在你身上而美麗，而不是你因穿這衣服而美麗。」

不被外物所制，心外無物，自然能成就卓然。

生命中除了老婆、孩子，一切都要變

李健熙

李健熙，韓國三星電子株式會社社長。生於一九四二年一月九日，一九六五年在日本早稻田大學取得經濟學位，一九六六年在美國喬治・華盛頓大學獲得ＭＢＡ學位。一九八七年至一九九八年出任三星集團會長，一九九七年任三星電子株式會社會長。在他的領導下，三星集團已經贏得了良好的聲譽，被認為是十分成功的大企業。

「除了老婆和孩子，一切都要變。」韓國三星集團總裁李健熙十年前的這句話依然在韓國廣泛流傳。正是靠著這種徹底的革新精神，李健熙把三星打造成了全球ＩＴ行業的驕子，而他本人也被譽為韓國經濟界的「帝王」。

一九八七年十一月，三星的創始人李秉哲去世。在這位「創業之神」的手中，三星從一家經營雜貨的小店成為韓國數一數二的大財團。李健熙子承父業執掌三星時只有四十五歲，雖說是已屆不惑之年，但在注重資歷和經驗的韓國，這個年紀對於一個大企業的掌門人來說還是顯得「稚嫩」了些。在就任總裁後不久，李健熙就雄心勃勃地宣布，一定要將三星發展成為二十一世紀的世界超一流企業。不過，當時誰也沒有把這位年輕老闆的話太當真。此後，李健熙「沉寂」了好幾年。

一九九三年，發生了幾件令韓國企業界至今依然津津樂道的事情。年初，在美國的洛杉磯，李健熙帶領三星的眾多高級經理們，到當地的大百貨商店考察。當時的三星產品雖然廉價，但在商店裡總是被放在不起眼的角落，很少有人問津。而新力等世界名牌產品雖然價格比三星產品高出不少，但購買者還是很多。當時，李健熙發給每位經理一千美元，讓他們購買並使用當時最受歡迎的電子產品，並把它們逐項與三星的產品進行比較。

回國後，李健熙就寫了《三星新經營》一書，提出「變化先從自我做起」的口號，告誡三星人要以人才和技術為基礎，創造最佳產品和服務，認識並且迎接來自全球的挑戰。在這本書中，李健熙甚至提出，為了讓三星的產品達到一流水準，哪怕把生產線停下來，哪怕會暫時影響市場，也在所不惜。這一說法，現在看來合情合理，但對當時注重提高產量、崇尚市場擴張的韓國企業界來說，是非常另類的概念。在三星內部，也很少有人認同。

對於「新經營」理念，李健熙並不是說說而已，而是很快地將其付諸實際生產當中。看到生產線真的停下來，一些高層經理坐不住了。不少人跑到李健熙的辦公室，強烈要求暫緩推行「新經營」理念，說即使要革新，也要進行漸進式的革新，不要一下子全都變了。對此，李健熙說了一句當時轟動韓國並流傳至今的話：「除了老婆、孩子，一切都要變。」

敢於承擔責任的「大丈夫」李健熙自一九八七年執掌三星以來，三星集團的銷售總額、資產規模和出口分別增長了七點三倍、五點六倍和二點八倍。目前，三星是世界上最大的記憶晶片及液晶顯示器生產商、全球第三大數位電視機生產商、第三大DVD生產商及最大手機生產廠商之一。

韓國經濟界人士認為，正是李健熙當初的「新經營」理念徹底改變了三星的企業文化，使其適應全球化和數位時代的要求，經過亞洲金融危機的考驗，在短短的幾年內成為真正全球知名的跨國大企業，及IT行業的驕子。

世界在變，時代在變，我們也應該不斷地「變」，只有這樣，才能不被激烈的競爭所淘汰。當然，老婆、孩子還是不變最好。

你死後有四個朋友替你抬棺材，就足夠了

弗格森

弗格森爵士（Sir Alex Ferguson），世界足壇著名教練。

弗格森一九四一年十二月三十一日出生於蘇格蘭格拉斯哥。一九七四年七月，弗格森在東斯特林郡開始其執教生涯。同年十月，他轉而執教聖米倫隊，最大的成就就是在一九七六、一九七七年賽季帶隊殺入甲級聯賽。一九七八年至一九八六年他接受了亞伯丁的邀請，在那兒創造了執教生涯的第一個輝煌。帶隊打破了格拉斯哥流浪者和凱爾特人隊對國內冠軍的壟斷，八年共獲得三次聯賽冠軍，四次蘇格蘭盃冠軍，一次聯賽盃冠軍，最顯赫的戰績是一九八三年戰勝皇家馬德里，捧得歐洲冠軍盃。

一九八六年六月，他擔任國家隊的代理領隊，參加了在墨西哥舉行的世界盃決賽，但由於蘇格蘭實力太差，只取得一勝兩負的戰績。世界盃還沒結束，他就接受了來自曼聯的邀請。

當初沒人想到他會在曼聯也能取得成功，但事實證明了一切。自二十世紀九〇年代開始，他率領曼聯共獲得不同賽事的冠軍，包括英超冠軍、足總盃冠軍、聯賽盃冠軍、歐洲冠軍盃、優勝者盃、超級盃、世界盃冠軍等。其出色的主教練生涯，更為他帶來被封為爵士的殊榮。

提起曼聯，就讓人不得不想起弗格森，曼聯之所以輝煌，很大程度上是因為弗格森的卓越領導才能。而弗格森之所以成功，他的強硬性格在其中也產生了很大作用。而他的性格也能部分地反映出曼聯的態度。保守、固執、倔強的英國人有一個習慣，總喜歡三不五時顯露一下他們的「大陸情結」。

在足球壇上，弗格森是一位徹頭徹尾的英國人，他的戰術思想、執教思路和管理模式都與歐洲的足球文化格格不入。特別是他帶有濃重格拉斯哥方言的蘇格蘭口音，令許多非英國本土以外人士費解。有記者請曾在曼聯隊效力的荷蘭球星斯塔姆用一句話來評價他對老爵爺的印象，這位強悍的光頭球星想了半天，心有餘悸地說：「想理解他真是太難了。」

其實，想讀懂老爵爺並不難，只需翻一翻他那本二十五萬字的自傳（據說主要內容都是弗格森自己一字一句寫出來的）。老爵爺在書中寫道：他的出生地——格拉斯哥高文區獨特的「工人階級文化」塑造了他堅強的個性。

老爵爺的少年時代，高文是一個暴力的街區，少年弗格森要擔負起保衛患小兒麻痺症的表哥的重任。弗格森十六歲時曾在一家酒吧裡擔任酒保，結果，這位在當地赫赫有名的前鋒，一天晚上被一個暴徒毒打了一頓——那傢伙手持霰彈槍，衝進酒吧搶威士忌。後來，弗格森離開了酒吧，原因是他厭倦了每天晚上帶著滿身的傷回家，這是他在「試圖維持和平」時留下的「傑作」。

高文的街區文化簡單得不能再簡單，男人畢生的榮譽和目標就是要做一個「男人中的男人」，為捍衛自己的名聲，並在同伴面前「活出個樣子來」，男人們不惜用拳頭甚至鮮血來證明自己。高文區文化的另外一個突出特點是講究「絕對忠誠」，老爵爺後來把這個理念引入到曼聯隊中，這就意味著任何曼聯球員如果膽敢私下與媒體、足總或其他俱樂部「勾搭」，等待他的只有閃亮的「剃刀」。

老爵爺的「鐵腕」確保了曼聯隊在過去十年始終保持穩定的狀態，而他也是歐洲足壇唯一一位出生於第二次世界大戰期間，卻一直把帥位坐得很穩的「奇才」。弗格森的方式對付英國球員非常有效。球員們也深深地理解這種英國足球文化氛圍——球員把教練尊稱為「老闆」，「老闆」和球員的關係情同父子。

經常有心理醫學專家稱，貝克漢、吉格斯和斯克爾是典型的「幼稚病」患者，但他們卻從沒有任何不滿的表示。在過去十年間，每當老爵爺對球員在球場上的表現不滿時，他總是在更衣室砸東西，並伴隨之大吼大叫，因為他覺得這是唯一能夠激勵球員的手段。隨著年紀的增長，弗格森變得愈來愈暴躁和頑固，但他無疑仍是一名優秀的主帥。

弗格森性格倔強，脾氣火爆，喜歡吹毛求疵，從不服輸的個性更使他樹敵無數。曾經有記者問他如何看待自己樹敵過多的問題，他這樣說：「你死後，有四個朋友替你抬棺材就足夠了。」

是啊，朋友不在多，關鍵是要有真正的朋友。不過，敵人還是愈少愈好。

這是個人的一小步，卻是人類的一大步

阿姆斯壯

尼爾・阿姆斯壯（Neil Armstrong），第一位踏上月球的地球人。

阿姆斯壯一九三〇年八月五日出生於美國俄亥俄州的瓦帕科內塔。他六歲時首次乘坐飛機，青少年時代上過飛行課。在他還不能合法開車的年紀，他就取得了飛行執照。一九四七年，他進入印第安那州拉斐特的普度大學，學習航空工程並成為海軍後備飛行軍官。一九五〇年，他在韓國進行了七十八次戰鬥任務飛行，被擊落一次，三次獲得空軍勳章。一九五五年，他加入太空總署，作為一名非軍職的高速試飛員（他是駕駛X－十五尖端研究飛機飛行的十二人之一），一九六九年七月十六日，阿姆斯壯成為「阿波羅十一號」太空船的指揮官。他與年輕的太空人邁克爾・柯林斯和奧爾德林一起進行登月月球飛行。到達月球後，柯林斯停留在軌道上，阿姆斯壯乘「小鷹號」月球著陸器登上月球表面，避開月球冰礫，在寧靜海平穩著陸，成為第一位踏上月球的地球人。

第二次世界大戰後「冷戰」局面的形成，使得美、蘇這兩個國家在各個領域展開了激烈的角逐。太空科技作為高科技的表現，當然成為兩者爭奪的領地。在相繼將自己的衛星送入太空、實現了載人航太之後，他們立刻開始了下一個階段的競爭，那就是登月計畫的實施。

早在六〇年代初，美國太空總署就提出了「阿波羅登月計畫」。經過八年的艱苦努力，連續發射十艘不載人的「阿波羅」太空船之後，終於在一九六九年七月十六日成功發射載人登月的「阿波羅十一號」太空船。

阿波羅太空船由指令艙、服務艙和登月艙三部分組成，每次搭載三名太空人，登月飛行結束後，返回地球的只有指令艙和三名太空人。指令艙呈圓錐形，高三點二三公尺，底面直徑三點一公尺，發射重量約五點九噸，返回地面時要丟棄輔助降落傘等物，這時的重量只有五點三噸。服務艙附在指令艙下端，呈圓筒形，直徑三點九公尺，高七點三七公尺，艙重五點二噸，裝上燃料和設備後重二十五噸。登月艙接於服務艙下面第三級火箭頂部的金屬罩內，它分下降段和上升段兩部分，總長六點七九公尺，四隻底腳延伸時直徑為九點四五公尺，重四點一噸，如果包括燃料則重十四點七噸。下降段還裝有考察月球表面的科學儀器。當上升段飛離月球表面時，下降段則發揮發射架作用。

著陸器在月球表面著陸後，船長阿姆斯壯首先走上艙門平台，面對陌生的月球世界凝視幾分鐘後，挪動右腳，一步一步地爬下扶梯。五公尺高的九級台階，他整整花了三分鐘！隨後，他的左腳小心翼翼地觸及月面，而右腳仍然停留在台階上。當他發現左腳陷入月面很少時，才鼓起勇氣將右腳踏上月面。這時的阿姆斯壯感慨萬千，他對著全世界億萬正在收看電視轉播的觀眾說了一句話：「That's one small step for (a) man, one giant leap for mankind.」（這是我個人的一小步，但卻是全人類的一大步。）

十八分鐘後，太空人奧爾德林也踏上月面，他倆穿著太空服在月面上幽靈似的「遊動」、跳躍，拍攝月面景色、蒐集月球上的岩石和土壤、安裝儀器、進行實驗和向地面控制中心發回探測資訊。

活動結束後，阿姆斯壯和奧爾德林乘上登月艙飛離月面，升入月球軌道，與由柯林斯駕駛的、在月球軌道上等候的指揮艙會合銜接。三名太空人共乘指揮艙返回地球，在太平洋上降落。整個飛行歷時八天三小時十八分鐘，在月面停留二十一小時十八分鐘。時間雖然短暫，卻是一次歷史性的壯舉。

人類探索太空的夢想和腳步永遠不會停止，阿姆斯壯雖然只是踏出了一小步，卻為人類探索太空做出了巨大的貢獻。

即使是簡單的事也需要有人去發現

哥倫布

凱瑞斯多夫・哥倫布，義大利航海家，地理大發現的先驅者，也是最早到達美洲的殖民掠奪者。

哥倫布一四五一年出生在義大利熱那亞港的一個毛織匠家庭，一四七三年十四歲時就到海上生活，開始航海活動。一四七六年赴葡萄牙居住，曾向葡萄牙國王提議向西航行，探索通往東方的海上之路，遭到拒絕。一四八五年移居西班牙。他透過對地圖和書本的學習和研究後確信，向西橫越大西洋航行能到達亞洲。

當時，地圓說已經很盛行，他也深信不疑。先後向葡萄牙、西班牙、英國、法國等國國王請求資助，以實現他向西航行到達東方國家的計畫，但都遭拒絕。由於其理論尚不十分完備，許多人不相信，把哥倫布看成江湖騙子。

但是，當時西方國家對東方物資需求除傳統的絲綢、瓷器、茶葉外，最重要的是香料和黃金。其中香料是歐洲人起居生活和飲食烹調必不可少的材料，需求量很大，而本地又不生產。當時，這些商品主要經傳統的海、陸聯運商路運輸。經營這些商品的既得利益集團也極力反對哥倫布開闢新航路的計畫。哥倫布為實現自己的計畫，到處遊說了十幾年。直到一四九二年，西班牙王后慧眼識英雄，她說服了國王，甚至要拿出自己的私房錢資助哥倫布，哥倫布的計畫才得以實施。

一四九二年八月三日，哥倫布受西班牙國王派遣，帶著給印度君主和中國皇帝的國書，率領三艘百餘噸的帆船，從西班牙巴羅斯港揚帆出大西洋，直向正西航行。經過七十晝夜的艱苦航行，一四九二年十月十二日凌晨終於發現了陸地。哥倫布原以為到達了印度，後來才知道，他登上的這塊土地，屬於現在中美洲巴勒比海中的巴哈馬群島，哥倫布當時為它命名為聖薩爾瓦多。

一四九三年三月十五日，哥倫布回到西班牙。此後他又三次重複他的向西航行，又登上了美洲的許多海岸。直到一五〇六年逝世，他一直認為他到達的是印度。後來，一個叫做亞美利哥的義大利學者，經過更多的考察，才知道哥倫布到達的這些地方不是印度，而是一個原來不為人知的新大陸。哥倫布發現了新大陸。但是，這塊大陸卻用證實它是新大陸者的名字命名：亞美利加州。

哥倫布的遠航是大航海時代的開端。新航路的開闢，改變了世界歷史的進程。它使海外貿易的路線由地中海轉移到大西洋沿岸。從那以後，西方終於走出了中世紀的黑暗，開始以不可阻擋之勢崛起於世界，並在之後的幾個世紀中，成就海上霸業。一種全新的工業文明成為世界經濟發展的主流。

哥倫布駕船沿地球轉了一圈回到原出發地，不僅用事實證明了地球是圓的，而且還發現了美洲新大陸，這一事蹟成為歷史上的壯舉，對後世的影響極其深遠。但在當時，嫉妒者也大有人在。他們千方百計抹煞哥倫布的偉大創舉。

一次，在西班牙的一個宴會上，一些達官貴人攻擊哥倫布，他們以挑釁的口氣說：「哥倫布先生，你發現新大陸似乎覺得很了不起，不過在我們看來，這是很平常的事，任何一個人繞著地球轉，都會發現這個事實的，即使是傻子也不會視而不見這麼一大塊土地的。」說罷，這些人不懷好意地哄笑起來。

這時，哥倫布反問一句：「諸位以為那是件平常的事嗎？」

「不錯，是一件最簡單不過的事了。」

「那好吧，」哥倫布接過話頭，他指著餐桌上盤子裡的一個雞蛋說：「現在我們不妨做一個試驗，先生們，你們當中誰能把這個雞蛋豎立起來？」

達官貴人們都去試了試，但誰也沒能夠把雞蛋豎立起來，都說這是不可能的事，哥倫布當即拿起雞蛋，輕輕地在桌上一敲，磕破了一點雞蛋的尖頭，雞蛋便牢牢地豎立在桌上了。「諸位辦不到的事，我不是辦到了嗎？」

達官貴人哪肯就此服輸，齊聲大嚷：「用你這種方法，誰都能把雞蛋豎立起來。這是最簡單不過的事了。」

「是的，這是最簡單不過的事，可是剛才你們卻誰也沒想到。」哥倫布離席而去時還留下了一句令人回味的話：「即使是簡單的事也需要有人去發現，去證實。站在後面比手劃腳是無用的，關鍵在於創先。」

是啊，說起來容易做起來難。人類之所以能不斷向前發展，就是因為有許多像哥倫布這樣不斷去探索、不斷去實踐、不斷去發現的勇士。

人生沒有百分之百的不幸

松下幸之助

松下幸之助對中山鹿之助的行為發表看法：「我想，鹿之助祈求七難八苦，用意是想透過種種困境來考驗自己，激勵自己。」對於強者來說，苦難是無可避免甚至是不可或缺的，只有透過苦難的考驗才能得到真正的成功，沒有與艱苦困頓鬥爭的經歷就不是真正的人生。

日本戰國時代的著名英雄中山鹿之助，每次向神明祈禱時，禱告內容只有一件事情，他總是說：「請給我七難八苦！」一般人對神明的祈禱，其內容雖然各有不同，但大體上都基於一個美好的願望：有人希望自己得到平安和幸福，有的人則對財富和權力充滿渴望……但沒有人希望神明賜予更多的苦難。所以對中山鹿之助這種祈求苦難的行為，常人都覺得是一件不可思議的事情。

對於中山鹿之助這種異於常人的行為，松下幸之助的看法是：「我想，鹿之助祈求七難八苦，用意是想透過種種困境來考驗自己，激勵自己。」對於強者來說，苦難是無可避免甚至是不可或缺的，只有透過苦難的考驗才能得到真正的成功。松下對中山鹿之助的行為深表贊同，在他看來，沒有與艱苦困頓鬥爭的經歷就不是真正的人生。

松下最初的人生經歷是非常坎坷的，由於家境貧寒，年僅9歲、只念了4年書的他就不得不出來給人當學徒。這對年幼且帶病的松下來說，無疑是非常吃力的。但最讓松下感到可悲的事情是他父親的過世。

1906年9月，他父親忽然生病，僅僅三天後就去世了。母親、姐姐和松下的哀痛不言而喻，最令松下幼小的心靈感到難過的是：父親做了不當的投機生意，把祖先遺留下來的家產賠光了，雖然對家族和祖先都心存內疚，他大概還是想挽回名譽吧，只要身邊有了一點錢，就不理母親的阻止，仍去做他的投機買賣，一直到死為止。且不論是非曲直，父親那樣的心態，年幼的松下也是非常難過。每次想到父親的模樣，考慮到在老家鄉村裡的父親和家鄉，又聯想起父親訓誡自己的話，松下就勉勵自己：非好好努力不可。隨著父親的突然離世，小松下成了松下家的戶主，從此負起重擔。在父親離世之後，母親和姐姐都不願意住在不大熟悉的大阪，回到住慣了的和歌山去了。只有松下一人獨自留了下來，立志完成父親的遺訓。

學徒的日子雖然清苦卻也充滿樂趣，已功成名就的松下回想起打工時的情形歷歷在目。一天的工作，從早到晚沒有一刻清閒。當時學徒的衣食，現在看來很怪。尤其是有一種特別給學徒穿的衣服，中秋節和過年會發棉衣，夏天發單衣，冬天也發衣服，有些商店另外加上襯衫和褲子各一件。至於零用錢，十一、二歲的小徒弟，每月三、四角錢。十四、五歲，一日圓左右。松下從十歲到十五歲，服務了六年，要離職時的薪水才只有二日圓。可見當時的工資很低，雖然領得這麼少，當時的學徒卻都有儲蓄。除了領錢之外，每逢過節可以添一件衣服。松下他們還引以為樂呢！再說當時的三餐，早餐是醬菜，午餐是青菜，晚餐還是醬菜，只有初一和十五的午餐有魚。所以一過了初十，大家都等待著十五午餐的魚。

當時的公休日，只有過年、天長節（天皇的生日）和夏祭，其他日子都不休假。松下服務的五代商行，在當時還算是新興行業，多少比別家時髦些，比起船場邊火盆店的主人家，也顯得輕鬆許多，當然這跟每個星期日都有休假的人是沒法比的。因此，松下天天都等待著過年、天長節和夏祭的來臨。到了10月末，同事之間就會談起過年的事情，個個喜形於色，懷著對新年的憧憬，工作起來也是精神大振。

松下對他早年的苦難生活充滿了感激之情，因為生活教會了松下許多道理，使他變得堅強。他相信，在艱難困苦的場合，精神的力量是重要的，能否踏過坎坷、邁向光明，往往就在一念之間。

在與年輕人談論到這類問題時，松下曾經鼓勵年輕人說：「面對挫折，不要失望，要拿出勇氣來！扎扎實實地堅持向既定的目標前進，自然會有辦法出現的。一個人如果能夠心無旁騖、專心致志，此時此地，即可聆聽到福音自九天而降。我勸大家保持精神的沉靜和堅定，不可因一時的小挫折而喪失鬥志。如此，世間再沒有什麼事情是辦不成的了。」

根據自己以及其他偉人的成功經驗，松下對苦難和不幸有一個很清醒的認知，他認為：「人生沒有百分之百的不幸；此一方面有不幸，彼一方面卻可能有彌補。」在他看來，人生多少總是要有一些缺陷的，不可能有100％的幸運，但這些缺陷也不會是100％的不幸。就某一件事情來說，看似不幸，但其中卻可能有50％的福氣在其中。

例如缺一條腿的人上電車，大多數的情況下都會有人讓座。如果雙腿齊全，可能就不會有人讓座了。這是彌補缺掉一隻腿的不幸的一種行為，是存在這種屬於自己的意志以外的東西。如此看來，就沒有所謂的100％的不幸。50％的不幸是存在的，可是在另一方面就會有50％的福分。生而為人，就必須知道這件事。

對於這種生活觀點，松下以他自己的例子作說明。松下體弱多病，但仍舊努力工作，所以手下的員工都紛紛效法，充滿熱情地積極工作。如果派某人去顧客那裡辦事情，人家就會認為這個人很了不起，能代替老闆努力工作。以後如果有機會，就會相當地照顧，成為公司最好的顧客。如此，生意做好了，同時手下員工的能力也得到了鍛鍊。松下認為，松下電器能夠人才濟濟，有一支強有力的、完全可以獨當一面的幹部隊伍，和他自己的體弱多病很有關係。本來是不幸的事情，卻因此有了50％的福氣。

所以苦難的生活並不是100％的不幸，在苦難中，人可以學會許多寶貴的東西，其中的堅強、勇氣等品質是成功必不可少的因素。就如許多偉大人物都有其獨特的想法和做法一樣，松下不畏懼艱難困苦，視艱難的生活為必不可少的因素，把苦難當作試金石，真心地祈盼它的來臨。

鳥類中會說話的只有鸚鵡，而鸚鵡是飛不高的

小萊特兄弟

在飛機發展史上，美國的萊特兄弟做出了不可磨滅的貢獻，被世人尊為「飛機之父」。他們出生在美國，是二十世紀最著名的發明家之一。

哥哥韋伯・萊特生於一八六七年四月十六日，他的弟弟奧維爾・萊特生於一八七一年八月十九日。一九一二年春，韋伯・萊特積勞成疾，於五月二十九日逝世，年僅四十五歲。此後，奧維爾．萊特繼續奮鬥三十年，使萊特飛機公司成為世界著名飛機製造商，擁有高達百億美元的資產。奧維爾．萊特於一九四八年一月三日逝世，享年七十六歲。當時，美國各報均以大篇篇幅報導這一消息，世界航空界為之哀悼。

童年時，萊特兄弟就利用鄰居的報廢車，改製成可以使用的人力運貨車。奧托・里林達爾試飛滑翔機成功的消息，使他們立志飛行。一八九六年，里林達爾試飛失事，促使他們把注意力集中到研究飛機的平衡操縱上。他們特別研究了鳥類的飛行，並深入鑽研了當時幾乎所有航空理論方面的書籍。

當時，航空事業連連受挫，飛行技師皮爾機毀人亡，重機槍發明人馬克沁試飛失敗，航空學家蘭利連飛機帶人摔入水中等等，這使人們認為，飛機依靠自身動力的飛行是完全不可能的。但萊特兄弟沒有放棄自己的努力。僅一九〇〇年至一九〇二年期間，除了進行一千多次滑翔試飛之外，他們還自製了兩百多個不同的機翼進行了上千次風洞實驗，修正了里林達爾一些錯誤的飛行資料，設計出有較大升力的機翼截面形狀。到一九〇三年終於製造出第一架依靠自身動力載人飛行的「飛行者一號」，並獲得試飛成功。因此他們於一九〇九年獲得美國國會榮譽獎。同年，他們創辦了「萊特飛行公司」。萊特兄弟的巨大貢獻，在於使飛機實現了依靠發動機功率和螺旋槳推力載人飛行的目的。

一九〇八年，萊特兄弟為飛機裝置了三十馬力的發動機，並改造座椅，使駕駛人坐在機翼中間進行操縱。這一年他們在法國巴黎舉行飛行表演，創下連續飛行兩小時二十二分三秒、飛行距離十一萬七千五百公尺的紀錄。這是當時世界上最長的飛行時間和距離。在紀念發現紐約三百週年慶典上，韋伯・萊特進行了一次飛行表演。這次飛行雖然僅僅只有幾十分鐘，卻激發了美國大眾對發展航空事業的熱情。

萊特兄弟是一對十分善於思索、又刻苦鑽研的兄弟，可是他們卻是一對最不善於交際的難兄難弟，他們最討厭的就是演講。

萊特兄弟於一九〇三年成功地駕駛世界上第一架飛機飛上藍天後，在一次去法國旅行時，受到法國各界人士的熱烈歡迎。在歡迎酒會上，酒過三巡後，大家一致要求萊特兄弟發表演講。於是主持者首先邀請大萊特發表演說。

「這一定是弄錯了吧？」大萊特為難地說，「演說的事是歸舍弟負責的。」

主持者轉向小萊特。於是小萊特便站起來說道：「謝謝諸位，家兄剛才已經演講過了。」

就這樣推來推去，人們還是不放過兄弟倆，經各界人士再三邀請，小萊特只說了這樣一句話：

「據我所知，鳥類中會說話的只有鸚鵡，而鸚鵡是飛不高的。」

這只有一句話的演講，博得了現場人士久久不息的熱烈鼓掌。

這篇言簡意賅的演講，精確闡述了只有人類才可以做大自然的主人的論點，而且說出了這樣一個哲理：會說的不如會做的。

我只是讓我的錢為我說話

索羅斯

喬治・索羅斯，一九三〇年生於匈牙利布達佩斯，是ＬＣＣ索羅斯基金董事會的主席。一九四七年他移居到英國，畢業於倫敦經濟學院。一九五六年赴美國，在美國他透過所建立和管理的國際投資資金累積了大量財產。

一九七九年索羅斯在紐約成立了他的第一個基金會，開放社會基金。

一九八四年他在匈牙利成立了第一個東歐基金會，又於一九八七年成立了前蘇聯索羅斯基金會。現在他為基金會網路提供資金，這個網路目前在三十一個國家中運作，遍及中歐和東歐、前蘇聯和中部歐亞大陸，以及南非、海地、瓜地馬拉和美國。這些基金會致力於建設和維持開放社會的基礎結構和公共設施。索羅斯也成立了其他重要的機構，如中部歐洲大學和國際科學基金會。

索羅斯曾獲得社會研究新學院、牛津大學、布達佩斯經濟大學和耶魯大學的榮譽博士學位。一九九五年義大利波倫亞大學將該校最高榮譽授予索羅斯先生，以表彰他為促進世界各地的開放社會所做的努力。

索羅斯是ＬＣＣ索羅斯基金董事會的主席，民間投資管理處確認他作為量子基金集團的顧問。「量子基金」在量子集團內是最元老和最大型的基金，普遍認為在其二十八年歷史中在全世界的任何投資基金中具有最好的業績。

二〇〇四年美國總統選舉時，索羅斯全力以赴地投入到「倒布」運動中去，把二〇〇四年的美國總統大選看作是一場生死之戰，他的夢想是讓布希在二〇〇四年大選中敗北。他表示，只要能把布希拉下馬，他可以傾家蕩產在所不辭。

在政治方面，索羅斯看不慣布希總統的霸權主義邏輯，嚴厲批評布希提出的「先發制人」戰略。索羅斯是個經歷過法西斯統治的人，因此對布希「不站在我們這邊，就站在恐怖分子那邊」的講話深感恐懼。索羅斯反對布希對伊拉克的侵略，認為布希的「先發制人」戰略和「非友即敵」的簡單思維正在將美國引入一個暴力不斷升級的惡性循環，美國的霸權主義泡沫正在急劇地膨脹，最終將淪為「泡沫霸權」。

在經濟方面，索羅斯認為布希政府的經濟政策將導致美國經濟在「二〇〇四年興旺，到二〇〇五年衰退」。索羅斯指出，布希政府放棄強勢美元政策是一個「錯誤」，最終的結果是損人不利己。布希政府放任美元不管，實在不是身為全球最大金融強國的美國所應該有的表現。美元貶值也許會使美國的出口商品更具競爭力，也能達到打擊法、德等國經濟的目的，但最終會削弱美國出口目的地的經濟基礎，令美國經濟唇亡齒寒。

據報導，在二〇〇四年美國總統選舉中，索羅斯向美國共和黨的對手——民主黨的政治團體提供了一千五百萬美元的政治捐款，遠遠超過了他在二〇〇〇年總統選舉中十二萬美元的象徵性捐款。

有記者問他為什麼捐獻這麼多的錢，他回答說：

「我只是讓我的錢為我說話。」

有人賺錢是為了享受，有人賺錢是為了幫助別人，有人賺錢是為了表現自己的價值……金錢有很多用途，每個人賺錢的目的也不一樣，讓自己的錢為自己說話也是賺錢的一個目的。

賣貨就像嫁女兒一樣

松下幸之助

松下幸之助，日本松下電器公司創始者，世人尊他為「企業之神」。生於一八九四年，卒於一九八九年。少年時代的松下幸之助只受過四年小學教育，因家境窘迫被迫離開家到大阪去當學徒，一九一八年，松下在大阪建立了「松下電氣器具製造所」，也就是後來的日本松下電器公司。一九八九年他逝世時，留下了十五億多美元的遺產。

由於第二次世界大戰的影響，松下電器在經營上走向了低谷，這種狀態一直持續到韓戰的時候。這時日本經濟已經走過了復甦期，進入正常的繁榮階段。而處處超前的松下電器也是及早地看到了曙光，經營效益獲得了穩步提升。在松下看來，戰爭期間和戰後幾年是最為曲折和坎坷的，但同時它帶給松下的是一筆寶貴的人生財富。他藉這個蕭條的時期，開始反省自己以前的經商之道和一些自己取得成績之後的炫耀心態。尤其是對於後者，松下對自己進行了深刻的反省和批評。現在的他已不是年輕氣盛的毛頭小夥子了，他考慮問題審慎多了，待人接物也謙遜多了。

松下同時把自己的企業給重新定位了一番，他不把松下電器當成是一個「小巨人」而是剛剛起步的企業；他也不把自己當成一個很有成就的企業家了，而是看成業界的小字輩或者無名小卒。基於這些，他提出了已有三十三年歷史的松下電器「重新開業」的口號。他把公司從開始創辦到一九五一年作為松下公司的第一期，由一九五一年起算是第二期的開幕。

松下這次算是大張旗鼓，以最佳的狀態投入到了工作上。在很早以前，松下就認識到，隨著耐用消費品的增加，促銷的賣點不僅應該在售前，而且更應該在售後。像電視機、洗衣機和冰箱這類耐用而且價格又很高的商品，不是說因為一點小毛病就可以扔掉換新的。所以這些小毛病完全是可以修理的或者是更換小的零件。如果對於像這樣的商品只是售前做好宣傳是不夠的，還必須在售後也做好服務。只有這樣才能滿足消費者的需求。

正是由於松下認識到了這一點，所以一九五四年，松下在售前建立了產品審查制度，這就保證了售前的商品品質。一九六〇年，松下又加強了品質聯絡員制度。他把消費者所反映的商品品質問題，一一記錄下來最後統一交到事業部門。這種制度不但可以及時解決消費者所擔心的品質問題，而且也能更有效地改善自己的商品。

松下很風趣地作了一個比喻，賣貨要像嫁女兒，不僅要在出嫁前精心培養，準備嫁妝，而且要在嫁出去以後時時給予關心。

松下手下的業務員都知道，要經常走訪那些已購買公司電器的顧客，了解他們的使用情況和新的要求。這似乎已經成為公司的一條不成文的規定了。松下針對這種情況，還提出了具體的工作要求：如果是僅僅走訪顧客，那麼就說：「您好！我是松下電器公司。對於您購買敝公司的產品，我們感到十分榮幸。不知這產品您是否適用？有什麼需要我們幫助的？」如果是上門修理，則要說：「真對不起，給您添麻煩了。我們一定儘快修好。」如果是顧客經常或者說是每天必須用到的，則先送一台備用品，目的是為了不耽誤顧客的使用。甚至等修好了以後，還要說：「您還有什麼需要幫忙的嗎？」臨走時還主動留下公司的電話和地址，以便顧客有什麼需求可隨時聯絡。正是透過這些耐心細微的售後服務，促成了松下電器在眾人心目中的影響力，並幫助松下電器獲得了成功。

松下用簡單而具體的比喻說明了商品不是賣出去就不管了，而是在賣出之前和賣出之後都同樣重要。

一鳥在手，勝過百鳥在林

巴菲特

華倫・愛德華・巴菲特生於一九三〇年八月三十日，他的父親是奧馬哈有名的經紀人和共和黨議員。巴菲特從小就對數字很感興趣，在他八歲的時候，便開始閱讀有關股票的書籍。在十一歲的時候就購買了他的第一支股票。

一九四九年他考入哥倫比亞大學金融系。一九五四年巴菲特加盟了格雷厄姆—紐曼公司。一九五六年二十五歲的他開辦一家合夥的投資公司。現任伯克希爾公司的董事局主席。

在二〇〇〇年這一年中，美國股票市場如同上演高台跳水，股市財富一下減少了將近五兆美元，相當於美國國內生產總值的一半。雖然投資商們早已欲哭無淚，但華爾街卻有一個人神情自若。他就是美國「股神」華倫・巴菲特。

「一鳥在手，勝過百鳥在林！」巴菲特有次在其旗艦上市公司的年報裡，引用《伊索寓言》中的這句諺語，再次闡述了他的投資概念。在他看來，黃金白銀最實際，把錢押在沒有盈利的網路公司上，不過是一廂情願的發財夢。

巴菲特所說的「一鳥」，就是他的旗艦上市公司——柏克夏投資公司。而他所說的「百鳥」，恐怕就是指眾多「看起來很像樣」的上市公司。

所謂巴菲特式的投資理念，主要有以下幾點：

第一，理智選股，不為其他包裝漂亮的股票所動——不選擇那些在「股林」裡亂飛的「百鳥」。巴菲特只選擇那些在某一行業長期中佔據統治地位、技術上很難被人剽竊、同時有過良好盈利紀錄的企業。至於那些今天不知道明天會如何的高科技公司，巴菲特總是像躲避瘟疫一樣避開它們。

第二，相信自己，不迷信別人。七〇年代初，正值美國股市狂瀉不止，巴菲特認定這是一次極好的投資機會。於是，他果斷出擊，新成立了柏克夏公司，並使它在幾年之內，成為可口可樂、吉列、迪士尼等眾多知名企業的主要股東。三十年來，資本年平均盈利率達到二十四%，其股票是全球股市上最貴的。

第三，選定一支好股票——「一鳥」，堅定地持有它。巴菲特認為，投機看起來最容易的時候也最危險，不能計較短期的得失。在盡可能便宜時買進一支股票並長久保存，然後坐看它的價值一天天地增長。

二〇〇一年，巴菲特以柏克夏公司ＣＥＯ的名義給其股東發函，他的公司去年走出低谷，市值年增長一百一十三％，公司利潤也從每股一千零二十五美元增加到兩千一百八十五美元，使巴菲特再次樹立起「股神」地位。

曾經有一個漁夫釣了一整天魚，最後只釣到了一條小魚。

這條小魚說：「求求你就看在我這麼小的份上，放了我吧，等我長大了你再吃我吧！」

「不，不，小魚，」漁夫說：「現在你在我手裡，以後就未必抓得到你了。」

漁夫的話給了人們一個啟示，那就是「一鳥在手，勝過百鳥在林。」

做生意無信不立

李嘉誠

要成就一番事業並不容易，然而如果有信，則利盡可「擒手可得」。有句古話說得好，成大事者以「信義而著於四海」。李嘉誠精於經商，善於做人。談到做生意的秘訣，李嘉誠最看重的就是一個「信」字。他曾反覆強調，「要令別人對你信任。不只是一個商人，一個國家亦是無信不立。」

關於無信不立，還有這樣一個典故：

《論語》提到，有一次，弟子問孔子如何治國，孔子說要做到三點：要「足食」，有足夠的糧食；「足兵」，有足夠的軍隊；還要得到百姓的信任。

弟子問，如果不得已必須去掉一項，去哪一項？孔子回答：「去兵。」弟子又問，如果還必須去掉一項，去哪一項？孔子說：「去食。民無信不立。」

從中可以發現，「足食」可以等同於做生意中的「錢」；「足兵」可以等同於做生意中的「員工」；「百姓的信任」則可以等同於做生意中自己的「信用」。這樣一來就是說，做生意，沒有很多錢不怕，沒有很多人也不怕，但就怕沒有信用。沒有信用做生意是絕對好不到哪去的。李嘉誠所要告訴人們的，就是這個。

早年李嘉誠創建長江塑膠廠時，生意火紅，產品供不應求。由於有大量訂單，再加上工廠生產能力和水準的限制，李嘉誠在經驗不足的情況下過度擴大生產規模而缺乏注意產品質量，結果導致了許多產品質量問題。結果，許多客戶要求退貨，銀行追債，客戶追款，塑膠廠頓時陷入困境，瀕臨破產。

此時李嘉誠才明白，做生意，要時時刻刻注重信用，不能為求快而放棄質量監管。於是，李嘉誠知錯就改，大力加強工廠的產品品質管制，做到保質保量，按時完成。不久，李嘉誠就用他的誠信打動了銀行、供應商和員工，形勢因之好轉，危機轉化為了商機。

如果李嘉誠沒有領悟到做生意無信不立，那麼很明顯，他的工廠將極有可能就此破產，從此背上繁重的債務苟延殘喘。

不論是對於一個人，還是對於一個企業集團，誠實守信都是其生存的根本所依。沒有了誠信，就失去了別人的信任與尊重，就無法在社會上立足，更不要說發展與成功。

人無信不立。要立事，應先立信。孔子有言：「人而無信，不知其可也」，強調「君子一言，駟馬難追」的鏗鏘落地之聲，這種聲音代表著一種高貴的品質，尤其在人人言而無信的時候，倘若有人依然秉持誠信的品質，那無疑是令人肅然起敬的。

在一次採訪中，李嘉誠道出了他的堅持，他說：我在1950年開始創業時只有5萬塊港幣。開業的那一天是5月1日，公司只剩下幾千塊港幣。所以當時最大的艱難是財務。

但是在這樣的財務威脅下，他依然堅持了一個「信」字。由於在離開萬和塑膠公司前曾經對老闆許諾絕不會搶他的客戶，所以他拒絕了前來他的公司，主動找他合作的原客戶。堅持重新開發新銷售管道。

正是因為這種講信用，讓李嘉誠得以有了很好的聲譽，從而在困難時期得到了許多客戶的諒解和支持從而度過了難關。若是換一個人，或許會動心吧。

李嘉誠曾經說過，其實我不是做生意的材料。為什麼？因為第一，我這個人怕應酬；第二，我不懂得逢迎；第三，誠信的事，我答應人家，就會守信用，但是人家答應我的，就不是很守信用。

但是我想通了，就一直做下去吧。所以生意雖然困難，但是因為我肯求取新的知識，所以我的困難只是非常短的時間。一方面做好自己經常的業務，一方面努力去創新，創新雖然有時也會失敗，但是成功了就能賺大錢。這是我的經驗。困難是一種鍛鍊的形式。

在人的一生中，能夠做到堅持誠實與守信並不是一件容易的事。然而，唯其難為，所以可貴。那些經受了考驗，能保持誠實與守信品格的人才會得到人們的信任，從而有機會取得更偉大的成就。而鑄就李嘉誠的輝煌的，無疑信用是其中極其重要的一個因素。

不要試圖粉飾太平

邁克爾・戴爾

邁克爾・戴爾，一九六五年二月二十三日出生於美國的休士頓，一九八四年創建戴爾電腦公司。創業初始至今，短短二十餘年間，白手起家的邁克爾・戴爾已經把公司發展到二百五十億美元的規模。現任戴爾公司董事長兼ＣＥＯ。

戴爾在培訓員工時經常會說一句話，「不要試圖粉飾太平。」意思是說：不要總是試圖美化不好的事情，問題遲早會出現，最好要勇於直接面對。

在戴爾的公司，批判和自我批判已經深植於戴爾公司的文化中，戴爾要求全體員工隨時質疑自己，隨時發現問題並隨時尋找改進問題的方法。戴爾試著自上而下地建立起這樣的行為模式，聘用具有開放觀念、敢說敢做的人員，並試圖培養他們成為領導者。另外，戴爾還要求這些人能夠知錯就改，並且敢於在公開場合承認自己的錯誤，必要時還要能夠接受他人公開地反對或糾正，以促進公開地辯論，鼓勵理性的「能人治理制度」。

戴爾從不為自己所取得的小成績而過度高興甚至引以為傲。如果戴爾開始覺得自己功成名就，便會拿更有成就的人作比較，讓自己隱藏在他人的光芒之下，終將黯然失色。正是基於這些，公司出現問題後，都會以積極的態度面對，而不否認問題存在，從不找藉口搪塞，更不試圖把錯誤加以美化從而掩蓋錯誤。戴爾從自身做起，試著用這種斬釘截鐵的態度去面對所有錯誤，他很清楚，如果自己不這麼做，別人就更不會這樣做了。坦白承認：「公司遇到問題了，必須進行修正。」

只有勇於承認自己的錯誤並以積極正確的態度去面對，公司才能不斷進步。小至我們每一個人，如果有了錯誤不積極去改正，反而試圖將錯誤加以美化，掩蓋錯誤，那他永遠也不會進步。

我不服輸，永遠不服輸！

原一平

1904年，原一平出生於日本長野縣。

從小他就像個標準的小太保，叛逆頑劣的個性使他惡名昭彰而無法立足於家鄉。

23歲時，他離開長野來到東京。

1930年，原一平進入明治保險公司成為一名「見習業務員」。

原一平剛剛涉足保險時，為了節省開支，他過的是苦行僧式的生活。

為了省錢，可以不吃中飯。可以不搭公共汽車。可以租小得不能再小的房間容身。

當然，這一切並沒有打垮原一平，他內心有一把「永不服輸」的火，鼓勵他愈挫愈勇。

1936年，原一平的業績成為全公司之冠，遙遙領先公司其他同事，並且奪取了全日本的第二名。

36歲時，原一平成為美國百萬圓桌協會成員，協助設立全日本壽險推銷員協會，並擔任會長至1967年。

因對日本壽險的卓越貢獻，原一平榮獲日本政府最高殊榮獎，並且成為MDRT（百萬圓桌俱樂部）的終身會員。

原一平50年的推銷生涯，可以說是一連串的成功與挫折所組成的。他成功的背後，是用淚水和汗水寫成的辛酸史。

「我不服輸，永遠不服輸！」

「原一平是舉世無雙，獨一無二的！」

有一次，原一平去拜訪一家名叫「村雲別院」的寺廟。

原一平被帶進廟內，與寺廟的住持吉田和尚相對而坐。

老和尚一言不發，很有耐心地聽原一平把話說完。

然後，他以平靜的語氣，說：「聽完你的介紹之後，絲毫引不起我投保的意願。」

停頓了一下，他用慈祥的雙眼注視著原一平很久很久。

他接著說：「人與人之間，像這樣相對而坐的時候，一定要具備一種強烈的吸引對方的魅力，如果你做不到這點，將來就沒什麼前途可言了。」原一平剛開始並不明白這話中的含義，後來逐漸體會出那句話的意思，只覺傲氣全失，冷汗直流。

吉田和尚又說：「年輕人，先努力去改造自己吧！」

「改造自己？」

「是的，你知不知道自己是一個什麼樣的人呢？要改造自己首先必須認識自己。」

「認識自己？」

「只有赤裸裸地注視自己，毫無保留地徹底反省，最後才能認識自己。」

「請問我要怎麼去做呢？」

「就從你的投保戶開始，你誠懇地去請教他們，請他們幫助你認識自己。我看你有慧根，倘若照我的話去做，他日必有所成。」

吉田和尚的一席話，就像當頭一棒，把原一平點醒了。

只有首先認識了自己才能去說服他人，要做就從改造自己開始做起。

把自己改造成一個有魅力的人。

一般推銷員失敗的最主要原因在於不能改造自己，認識自己。

原一平聽了吉田和尚的提點後，決定徹底的反省自己。

他舉辦原一平批評會，每月舉行一次，每次邀請5個客戶，向他提出意見。

第一次批評會就使原一平原形畢露：

你的脾氣太暴躁，常常沉不住氣。
你經常粗心大意。
你太固執，常自以為是，這樣容易失敗，應該多聽別人的意見。
你太容易答應別人的託付，因為「輕諾者必寡信」。
你的生活常識不夠豐富，所以必須加強進修。
人們都表達了自己真實的想法。原一平記下別人的批評，隨時都在改進，在蛻變。
從1931年到1937年，「原一平批評會」連續舉辦了6年。
原一平覺得最大的收穫是：把暴烈的脾氣與永不服輸的好勝心理，引導到了一個正確的方向。
他開始發揮自己的長處，並開始改正自己的缺點。
原一平曾為自己矮小的身材懊惱不已，但身材矮小是無法改變的事實。後來想通了，克服矮小最好的方法，就是坦然地面對它，讓它自然地顯現出來，後來，身材矮小反而變成了他的特色。
原一平意識到他自己最大的敵人，正是他自己，所以，原一平不會與別人比，而是與自己比。今日的原一平勝過昨日的原一平了嗎？明日的原一平能勝過今日的原一平嗎？
只有不斷的努力，不斷改正自身缺點，不斷完善自己，讓自己做一個有魅力的人。

擴張，要像獅子一樣勇猛

默多克

默多克，一九三一年三月十一日生於澳大利亞墨爾本以南三十英里的一個農場。一九四九年，默多克在澳大利亞的一所中學畢業之後，很順利地進入英國的牛津大學進修。據說，他在讀大學的時候就把自己從小崇拜的政治偉人列寧的圖像擺在窗台上。如今他已成為世界傳播業的頭號巨擘，其知名度絕不亞於美國總統柯林頓或是搖滾歌手瑪丹娜。其名下的資產最少也有二百二十億美元。

一九五二年秋，默多克的父親病故，家庭的重擔也就落在了年僅二十一歲的默多克身上，他說服了母親，保住了父親留下來的《新聞報》和《星期日郵報》的出版權。他隻身回到澳大利亞，開始了承擔家庭事業的重任。默多克也就在這窮鄉僻壤的地方開始了自己的事業。

默多克在事業上擴張得非常訊猛，在這方面他曾經說過：

「擴張，要像獅子一樣勇猛，否則只能被別人吃掉。」

默多克的事業這樣一路走來，就足以證明這一點。一九五六年收購了《帕斯星期日週刊》，在四年之後他又買下了《雪梨每日鏡報》和《雪梨日報》。一九六四年，默多克創辦了全國性的大報《澳大利亞人報》。一九六九年，默多克因不滿足於把自己的事業僅僅局限在澳大利亞，他開始走出國門，進軍英國倫敦。就在當年，他成功地收購了幾乎近於癱瘓的《世界新聞週刊》和《太陽報》。但在默多克接手經營以後，這兩份報紙居然神奇般地走紅了。它憑藉著聳動的標題，以及形形色色的名人隱私和無奇不有的奇聞軼事，起死回生了。這也成了全世界街頭小報登峰造極的偶像和模仿對象。

一九七三年，默多克又跨過了大西洋，在美國登陸了。

在一九七三年到一九七六年間先後收購了《聖安東尼新聞》、《星報》、《紐約郵報》和擁有《紐約》、《鄉村之聲》、《新西方》等週刊的紐約雜誌公司，可說是默多克在美國的大豐收。但真正讓默多克在世界上揚名的還是一九八一年他成功地購買了有著兩百年歷史的《泰晤士報》之後，默多克的名字才成為舉世皆知。令人不得不佩服他的獨到眼光，每次都能把自己認為是大有前途的報紙據為己有。

一九八五年，默多克買下了旗下有著福斯電視台的福斯電影公司。他用了一年的時間，把這家小型獨立電視台改造成了一個結構合理的電視網，從此這家電視台就成了一座寶藏。

與美國老牌電視業龍頭美國廣播公司、哥倫比亞廣播公司和全國廣播公司並肩而立。在這不久，他又購買了瀕臨破產的天空電視台，然後又很神奇地讓它起死回生。如今，這個電視台已經成了歐洲的電視節目發射中心之一。

一九九三年，他又看好中國這個有著十三億人口的大市場。他先後購買了香港衛星電視網，為默多克的電視節目和影視產品贏得了全世界近一半的觀眾。

經過四十多年的奮鬥，默多克已經成了當今世界上最龐大的傳媒帝國之一的領導者，是現代傳媒業的泰斗。實際上，在這個資訊社會中，默多克幾乎操縱了各式各樣的我們每天必須接觸的媒體。毫不誇張地說，我們每天讀的報紙、看的電視、欣賞的小說甚至喜愛的球隊裡，都有這個其貌不揚的澳大利亞人的影子。

默多克的擴張可真是獅子大開口呀！他幾乎把自己的事業蔓延到全世界的每一個角落。做大事業就應該像默多克那樣，看準時機，迅速果斷地佔領它、擁有它。

用腳走不通的路，用頭腦可以走得通

彼得・杜拉克

彼得・杜拉克一九〇九年生於奧地利首都維也納，終生以教學、諮詢為業，學識淵博才思睿智。一九五〇年擔任紐約大學管理學教授，「是世界上接受此頭銜並教授此課程的第一人」；一九五四年創辦管理諮詢公司，從事企業、政府和非營利機構的管理顧問工作長達六十多年，著作多達三十餘部，發行遍及一百三十多個國家，被全世界的管理者奉為圭臬的經典。

可以毫不誇張地說，沒有一個成功的商界領袖不從管理顧問大師彼得・杜拉克那裡汲取養分，這是其他任何一個管理學家都難以企及的。杜拉克被稱為大師中的大師，不僅因為他是現代管理學的奠基人，更重要的是他使企業家們從中受益，走向成功。

杜拉克認為當前社會不是一場技術革命，也不是軟體、速度的革命，而是一場觀念和思維方式的革命。不同的思路導致不同的經營結果，一流管理者修煉管理心智，運隨心轉，最聰明的投資是對大腦的投資，往往我們一般用腳走不通的路，用頭腦可以走得通。

創造性思維是現代創新型人才的核心能力。「問題意識」源於人的創造性思維中所具有的「質疑精神」。杜拉克認為：「問題意識」源於人的創造性思維中所具有的「質疑精神」。所以杜拉克在從事診斷顧問工作時，情形往往是這樣的：在雙方坐定之後，客戶總會把一大堆的難題拿來向杜拉克請教。杜拉克聽完這些問題後卻並不回答，而是向客戶提問題：

「你最想做的事是什麼呢？」

「你為什麼要去做呢？」

「你現在正要做什麼事呢？」

「你為什麼這樣做呢？」

杜拉克不會替客戶「解決問題」，而是為客戶提出問題。他改變客戶所問的問題，提出一連串的問題反問客戶，這些新的問題為客戶「界定問題」，其目的是要幫助客戶認清問題，找出問題，然後讓客戶自已動手去解決那個最需要處理的問題。

創新思維是創新實踐的先導，有時一項工作按常規操作可能會陷於迷霧之中，但換一種思路則可能霧開雲散，豁然開朗，從而使問題迎刃而解，加速目標的實現。遇事不能隨波逐流，而是從多方面去思考、多視角切入；同時要有逆向思維，以及超常規的思索；另外還要打破思維定式的束縛，善於動腦，養成創造的習慣。

記住：用腳走不通的路，用頭腦可以走得通。一定要打破現有框架，開展創造性思維。成功往往就是這樣簡單。運用一種創新的思維，避開競爭焦點的鋒芒，換個角度切入，迅速搶佔潛藏的市場就對了。

永遠不要坐著不動

傑克・韋爾許

傑克・韋爾許，通用電氣（ＧＥ）前董事長兼ＣＥＯ，一九三五年十一月十九日生於麻薩諸塞州薩蘭姆市，一九五七年獲得麻薩諸塞州大學化學工程學士學位，一九六〇年獲得伊利諾大學化學工程博士學位。一九六〇年加入通用電氣（ＧＥ）塑膠事業部。一九七一年底，韋爾許成為ＧＥ化學與冶金事業部總經理。一九七九年八月成為通用公司副董事長。一九八一年四月，年僅四十五歲的韋爾許成為通用電氣公司歷史上最年輕的董事長和首席執行長。在短短二十年間，這位傳奇人物使ＧＥ的市場資本增長三十多倍，達到了四千五百億美元，排名從世界第十提升到第一。傑克・韋爾許以其視野和勇氣成為全球企業家和經理人的榜樣，享有「全球第一ＣＥＯ」的美譽。

不斷改變自己，改變公司、是這個時代的兩大挑戰。企業領導們一定要改變自己。他們必須學習新技能，使自己更稱職，並跟上時代的快速發展。

公司也要改變，停滯不變的公司只會走向死亡。

傑克．韋爾許就是個人和公司的變化大師。他從不坐著不動，他所領導的企業也一樣。《華爾街日報》說：「韋爾許可以花一天時間參觀一家工廠，跳上一架飛機，小睡幾個鐘頭，然後再重新開始工作；在這段時間，他也許會停在愛達荷的太陽巷，就像他自己所說的那樣，『瘋狂地滑五天的雪』。」

韋爾許在談到GE的價值觀時，曾多次強調：「正是對變革的熱愛和渴望抓住變革的念頭，才使通用電氣像今天這樣重要、有活力，與眾不同。」

韋爾許在新書《贏》中講述了許多管理上該如何作為？如何領導、如何管理員工、如何在工作與生活間求得平衡，如何規劃人生……這裡，讓我們一起看看他講的如何變革：

變革需要遵照以下四條準則：在每一次發動變革運動時，確立一個清晰的目的或指標。為變革而變革的做法是愚蠢的，只會產生消極影響；招募和提拔忠誠的追隨者，以及能適應變革的人；清理並去除反抗者，即使他們有不錯的業績表現也在所不惜；利用意外的機會。如果公司的領導者能滿懷激情地執行這些準則，給每個全力支援的人提供獎勵，那麼對變革的任何干擾最終都會消失。變革會成為人們的日常工作，成為規範。

韋爾許從來不會滿足，他從不暫停下自己的腳步。在他的職業生涯裡沒有中年的概念，他不斷學習各種新的事物，掌握最新的技能，他一變再變，這使他經歷了不同於一般人的職業生涯。因此，韋爾許的這句話，不只是影響了他個人，最重要的是他影響了通用，他把這種無休止的活力源源不斷地灌輸給通用公司，通用永遠不會因其已有的榮譽而停頓或休息。

員工的報酬不只有工資，還應加上福利

亨利・福特

亨利・福特（一八六三—一九四七），是美國福特汽車公司的創始人，被稱為汽車大王，一八六三年出生於美國密西根州底特律市幾英里外的迪爾伯恩村。亨利・福特兒時的夢想是做一個鐘錶匠，但他從小對機械表現出極大的興趣和愛好，成就了他一生的事業。

十六歲那年，他獨自一人來到底特律，開始了他發明家、創造者、汽車大亨的輝煌生涯。A型車、T型車的接連成功，使亨利體會到成功後的巨大喜悅。但他並沒有止步不前，福特生產線是二十世紀初革命性的創舉，流水線的生產方式整整影響了美國乃至全世界大半個世紀，這種生產方式被稱為福特主義。

一九四五年九月二十日正式退居二線，一九四七年去世。

自從一九一三年以來，汽車生產線的工作不僅勞累並且工資很低，所以工廠根本留不住工人，每天大約都有一大批人向他提出辭呈，這樣使得他又不得不花費更多的錢去雇用那些沒有什麼經驗的技術工人。不僅使生產得不到任何保證，而且延誤了佔領市場的寶貴時機。

因此一九一四年，亨利．福特做出一個讓人震驚的決定，同時也給公司創造了巨大的財富。他宣布，將工人的工作時間從九小時減為八小時，並且統一支付給工人每天五美元的報酬，這是以前工資的兩倍還要多。

這一消息猶如天大的喜訊一樣，一時間傳遍美國的大街小巷，有成千上萬的人都紛紛來到工廠的門口尋求工作機會。同時工廠的許多其他主管也不太明白這樣做的真實意圖，甚至也有不少媒體指責福特犯了一個巨大的經濟錯誤。其實福特希望每天向工人的口袋裡放五美元來獲得更多的回報，不僅可以大量生產汽車，還可以迅速佔領大部分市場。

在某種意義上，每天五美元報酬的舉措似乎改變了一切，但這也再一次提醒了我們，雇主給雇員的報酬不僅僅局限於工資，還應該包括很多其他的福利待遇。

上當不是別人太狡猾，而是自己太貪，是因為自己才會上當

馬雲

在中國商業史上，馬雲絕對是一個異類。人們曾經稱他為騙子、瘋子、狂人。他一沒資金，二沒背景，三沒技術，卻用一個創意，加上他一流的執行力、感染力、說服力，還有一流的運氣，讓他取得了石破天驚般的成功。

最初，當馬雲這個名字漸漸被國人所熟知的時候，他以及阿里巴巴並未引起我的特別關注。改觀發生在馬雲當了《贏在中國》創業論壇的評委之後。他的聲線並不特別迷人，但他的點評一如他在不同場合的演講那般，富有一種低調的激情，還帶著一絲幽默，睿智的語句不時閃現其間，讓人聽了，嘴角忍不住要上揚。等深入地了解了他以及他的創業過程之後，才發現，不知道從什麼時候起，自己已經深深地為他折服。

這個長得像外星人的杭州男人，也有著外星人的智慧。不過，他小時候只不過是一個不

被看好的問題少年而已。誰知長大後，竟然成了一個英語很好，又頗受歡迎的大學老師；更出人意料的是，某次出差大洋彼岸的意外「觸網」，讓他的生命從此改寫，踏上了互聯網這條「不歸路」；幾經周折，打造出一個震撼世界的互聯網帝國。他的成功讓很多人跌破眼鏡。想來，還真是「濃縮就是精華」。還有很多人在持續不斷地讚頌他和他的團隊創造出的許多中國互聯網商務的第一，形容他用他的睿智與汗水演繹了一段猶如好萊塢大片一樣盪氣迴腸的傳奇人生。

應該說，馬雲的成就，大家是有目共睹的，但他最打動我個人的卻只有三點：

一是毅力。是那種即便是泰森（前美國拳王）把他打倒，只要他不死，就會站起來繼續戰鬥的毅力，正是這種不死的精神，支持著他在創業的道路上，幾度失敗，幾度重新站起，直到成功。那種不達目的勢不甘休的強硬勁，非常激勵我心；

二是堅持。永遠不放棄自己第一天的夢想，如一頭蠻牛般，認準一條路，一直往前走，即便此路不通，也要把它做到通為止。要知道，在這個處處是誘惑與機會的世界，要認準一件事，並專注於一件事，這本身就是一件極其需要自制力的事情！

三是演講能力。儘管一個人的成功是由多種因素造就而成，但我一直覺得馬雲的成功，他出色的演講才能厥功至偉。對別人來說，可能演講只是發表言論的一種方式，但對馬雲來說，演說絕對是他收服人心的一種武器。因為他的擅長演說，團結了一幫對他忠心耿耿的創業團隊，引來了眾多優秀的行業菁英，降服了不信任他的風險投資，電倒了他的員工，贏來了他的客戶，賺來了自己的名聲。

如今，已然功成名就的馬雲，繼續帶領著他的團隊鑄就「阿里帝國夢」，同時，也積極地與人分享自己過往那些或成功或失敗的經驗與教訓。

他是一個毫不吝嗇於幫助他人在商業領域取得更耀眼成績的人。他在個人部落格裡的個人簡介這樣寫道：「滿大街一抓一大把的普通人！不過運氣不錯，智商一般，但是個福將」。很多人說他狂妄，但其實內底裡，他是個再謙卑不過的人，配合他在中國電子商務界舉足輕重的地位，讓其成了互聯網界獨一無二的人物。

馬雲在創業的過程中，也曾有過被騙的經歷。當時馬雲創辦的中國黃頁在全國聲名鵲起，引來各大媒體的相繼報導，發展形勢一片大好。馬雲對自己的成果充滿信心。

「某一天，從深圳來了幾個生意人找到我，表示希望與中國黃頁進行合作，願意成為中國黃頁在深圳地區的總代理，並一次性開出20萬的價碼。我正缺錢呢，一聽，自然大喜，20萬對中國黃頁來說無疑是一筆鉅款。於是，江湖經驗不足的我，幾乎是不假思索地就答應了對方的合作要求。連書面合作協定都沒簽，就把中國黃頁的核心商業模式和技術精髓全都無私奉獻了出來。為了讓對方看到中國黃頁團隊的作戰效率，我還親自帶領了公司幾位骨幹技術人員跑到深圳，晝夜不停地給對方架構開發系統。做完之後，對方非常滿意，表示三天之後就到杭州跟中國黃頁簽定合作協定。」

於是，馬雲就樂癲癲地回到了杭州，全心等著對方來簽合同。幻想著合同一簽，就有20萬資金進帳，那種感覺對於缺少資金的馬雲來說，別提有多爽了。但是日子一天天過去了，馬雲就是等不來對方的蹤影。等馬雲出去一打聽，發現對方在深圳召開了新聞發佈會，宣佈自己的企業開發了一個非常漂亮的網站。馬雲上網一看，對方的網站跟中國黃頁的一模一樣。真是晴天霹靂。這時候的馬雲才意識到自己被騙了。在窮困潦倒的情況下，又被騙，那可能是馬雲創業生涯中最重大的打擊之一。

後來功成名就的馬雲，曾多次在演講中提到那次受騙的經歷：「每一個人都很平凡，我馬雲也沒什麼了不起，這幾年被媒體到處吹捧，其實自己很難為情。我一點兒也不聰明，也沒有先見之明，只是一步一步走來，剛開始創業時被4家公司騙得暈頭轉向，但是那些騙人的公司今天都已經不復存在了。」

他總結說：「上當不是別人太狡猾，而是自己太貪，是因為自己才會上當。」

這叫寸土不讓

張作霖

張作霖（一八七五—一九二八），奉系軍閥首領，字雨亭。一八七五年三月十九日出生於遼寧海城縣。此後，在日本幫助下逐漸控制了遼、吉、黑東北三省，成為奉系軍閥首領。此後，張作霖以東北為基地，向關內擴張勢力。一九二〇年七月直皖戰爭爆發前，與直系共同把持了北京政府。

一九二八年四月，在蔣、馮、閻、桂四大集團軍的攻擊下，奉軍全線崩潰。六月二日，張作霖聲言退出北京。由於他沒有滿足日本帝國主義的全部要求（包括開礦、設廠、移民和在葫蘆島築港等），一九二八年六月四日晨五時許，當張作霖所乘由北京返回奉天的專車駛到皇姑屯附近的京奉、南滿兩鐵路交會處橋洞時，被日本關東軍預先埋好的炸彈炸毀，這位亂世梟雄身受重傷，當日逝世，時年五十三歲。

有一次，張作霖應日本人邀請出席一場酒會。在酒會上，這位東北「土皇帝」派頭十足，威風凜凜，使得在場的日本人大為不快。日本人設計要當眾羞辱張作霖，以發洩他們內心的積憤。

酒會場上，杯觥交錯，人頭攢動。三巡酒過，一位日本名流離席而去。不一會兒，他捧來筆墨紙張，硬要張作霖當眾揮毫賞幅字畫。他以為張作霖是「土包子」，大字不識一個，定然會當眾出醜。不料，張作霖接過紙筆，竟不推辭。寫完後，冷笑兩聲擲筆而去，旁若無人地坐回自己的席位。眾人齊看紙上寫的是「虎」字，落款為「張作霖手黑」。

張作霖秘書湊近張作霖小聲說：「大帥，您的落款『手墨』的『墨』字下面少了個『土』，成了『黑』字了。」

張作霖聽了，兩眼一瞪，大聲罵道：「你懂個屁！誰不知道在『黑』字下面加了個『土』字念『墨』？我這是寫給日本人的，不能帶『土』，這叫『寸土不讓』！」

在場的日本人聽了，個個張口結舌。

張作霖此舉，對於一個軍閥來說，倒也堪稱為奇了。

作為一代梟雄，在歷史上張作霖扮演過很多角色，但他從未做過漢奸賣國賊。他對日本帝國主義的態度是利用而不是附庸，算是一名有骨氣的「東北王」。他表面粗俗土氣，但在大事上從不糊塗，在那些趾高氣揚的日本人面前毫無畏懼，針鋒相對，寸土必爭，連「墨」

字底下的「土」字也不給。一個「墨」字能被張作霖拆開賦予兩種含義，真是「一語雙關」的最佳表現。既表現了「張作霖」式的急智，也大大地給了日本人一個下馬威。在他那裡，日本鬼子一寸土地也甭想，連「墨」字底下的「土」字也得不到。

我可以馬上就消除我們之間的這個差別

拿破崙

拿破崙．波拿巴（一七六九—一八二一），法蘭西帝國締造者、卓越的軍事家、野心勃勃的政治家。先後多次打垮了歐洲各個封建君主國組織的「反法同盟」，保衛了由法國資產階級進行的法國大革命的勝利果實，並在歐、非、北美各戰場上，進行了對歐洲各封建國家的戰爭，削弱了歐洲大陸的封建勢力。重要功績還有他頒布了《拿破崙法典》，確立了資本主義社會的立法規範，至今還發揮著重要作用。

拿破崙於一七九六年被任命為義大利的軍總司令，他興沖沖地去上任了。

沒想到，這是一支從裝備到紀律都一塌糊塗的軍隊。為此他要集合全軍所有的人員訓話。黑壓壓、亂糟糟的幾萬人個個都顯得萎靡不振，特別是當他們看到主席台上那位「小矮個子」的時候，更加嬉笑不已。而那些高級將軍們則一個個幸災樂禍地做旁觀者，看「總司令」如何下台。

身材矮小的拿破崙走到個頭最高的奧熱羅將軍面前，直瞪瞪地望著他，憋了半晌才放開音量咆哮：「將軍先生，你不會看不出來，你的個子高出我一個頭吧！但如果你不聽我指揮的話，我可以馬上就消除我們之間的這個差別。」

由於拿破崙的聲音過強，又太靠近自己，再加上歲數大的原因，高個子將軍奧熱羅立刻暈倒在地。就這樣，整個軍隊，好幾萬人激烈的吵鬧聲一瞬間便平息了，安靜得就像空無一人的草原。從此，拿破崙的命令猶如神諭一般被部屬們嚴格執行。而義大利軍則被訓練成一支戰無不勝、所向披靡的尖兵。

後來，拿破崙・波拿巴成為了法國資產階級的軍事家和政治家，法蘭西第一共和國的第一執政者，第一帝國的皇帝，號稱拿破崙一世。

不可否認，小故事中有誇張的成分，但拿破崙的的確確是位軍事天才，他治軍用人自有其獨特的一套辦法。「高度差」的故事在法軍中廣為流傳，好似一個傳奇，至少證實了拿破崙是一個應變能力超強、果敢機敏的軍人。他在法國人心目中，特別是法國的軍隊中，無論過去、現在還是將來，其威望都是無人能及的。只要讀讀拿破崙的傳說，看看他那些輝煌勝利，包括個人傳奇的人生，你就會明白。近代，有人曾這麼評價拿破崙，說他「即使在失敗的時候，也顯得光芒四射……絕對是獨一無二的」。

它可是我自己的東西，我是不會讓給你的

張伯倫

張伯倫（Arthur Neville Chamber Lain，一八六九—一九四〇），英國首相（一九三七—一九四〇），二十世紀三〇年代綏靖政策的代表人物。

一九三八年九月二十九—三十日，英國首相張伯倫、法國總理達拉第、納粹德國元首希特勒和義大利首相墨索里尼在德國慕尼黑舉行了關於割讓捷克斯洛伐克的蘇台德領土給德國的四國領袖會議。

捷克斯洛伐克位於歐洲中心，具有重要的戰略地位。早在一九三七年六月，納粹德國就擬訂出侵捷計畫。一九三八年三月，德國在吞併奧地利後，即把侵略矛頭轉向捷克斯洛伐克，企圖以支持「民族自決」為名，佔領捷西部日爾曼人集中居住的蘇台德地區。

面對納粹德國的擴張野心，英國、法國政府推行綏靖政策，企圖犧牲捷克斯洛伐克的國家利益而將德國侵略矛頭引向東方，以緩和與德國的矛盾，維護白身安全。為了達到這個目的，英國首相張伯倫在與希特勒會談後同意將蘇台德地區割讓給德國，法國總理達拉第則與英國保持一致立場。

一九三八年九月十九日，英法聯合照會捷克斯洛伐克政府，壓制捷克斯洛伐克接受德國關於割讓蘇台德地區的無理要求，捷克斯洛伐克政府被迫接受。九月二十二日，張伯倫向希特勒通報了這一情況，希特勒則對捷克斯洛伐克提出了更為苛刻的領土要求。捷克斯洛伐克政府斷然予以拒絕，希特勒則使戰爭計謀升級。九月二十九日，張伯倫、達拉第、希特勒和義大利首相墨索里尼在德國慕尼黑舉行四國領袖會議，於三十日凌晨一時簽署了《慕尼黑協定》。同日，捷克斯洛伐克政府在英、法的強大壓力下被迫接受該項協定；英、德兩國簽署共同宣言（後來法、德亦簽署共同宣言），決心用協商辦法處理兩國關係的一切問題，「永遠不再投入彼此之間的戰爭」。

《慕尼黑協定》全名為《關於捷克斯洛伐克割讓蘇台德領土給德國之協定》，包括八條正文、一個附件和三項聲明。主要內容包括：

1 捷克斯洛伐克將蘇台德地區割讓給德國，德軍於一九三八年十月完成對上述地區和其他日爾曼人佔居民多數地區的佔領，這些地區存在的任何設備必須完好地交給德國；

2 對尚未能確定日爾曼人是否佔居民多數的捷克斯洛伐克其他地區，應暫由英、法、德、義、捷代表組成的國際委員會佔領，於十一月底前舉行公民投票，以確定其歸屬，並劃定最後邊界；捷克斯洛伐克政府應在四週內釋放正在服刑的蘇台德政治犯；

3 有關政府須在三個月內解決捷克斯洛伐克境內的波蘭和匈牙利少數民族問題，否則，德、英、法、義領袖將再次開會討論；英、法保證捷克斯洛伐克新邊界不受侵略；當捷克斯洛伐克境內少數民族問題已宣告解決時，德、義也將對其提供保證。

慕尼黑會議和《慕尼黑協定》是英法推行綏靖政策的集中表現，是希特勒加緊備戰的重要步驟。協定迫使捷克斯洛伐克喪失了一點一萬平方英里的領土、三百六十萬居民和二分之一以上的經濟資源，喪失了作為邊境地區安全屏障的防禦要塞，破壞了法國在東歐的同盟體系，從而加強了納粹德國的經濟與軍事實力，助長了德國、義大利、日本法西斯的侵略氣焰。一九三九年三月，希特勒踐踏在協定中承諾的國際保證，出兵佔領捷克斯洛伐克全境。英、法卻背信棄義，拒不履行保證捷克斯洛伐克新邊界的國際義務。慕尼黑會議和《慕尼黑協定》加速了第二次世界大戰的爆發。

當慕尼黑會議結束正要返回英國的途中，希特勒對張伯倫說：「你能不能把你的洋傘送給我作為佔領的紀念呢？」

「不行。」以戴高帽、撐洋傘為個人商標的典型英國紳士張伯倫，拒絕了他的要求。

「但是，」希特勒強硬地說道，「這件事對我的威信具有重大的意義啊。我要求你把傘送給我。」

「很遺憾，你的要求我做不到。」張伯倫再次拒絕。

「我堅持我的要求。」

「你怎麼叫嚷都沒有用。」英國首相依然保持他的威嚴說道，「我希望你能了解，這把傘和捷克斯洛伐克是不一樣的，它可是我自己的東西，我是不會讓給你的。」

張伯倫之所以推行綏靖政策，是因為當時德國法西斯還沒有觸犯到英國的根本利益。可是當希特勒要他的傘時，因為那是他自己的東西，所以他堅持自己的立場。人就是這樣，世界上沒有人對自己的切身利益是無動於衷的。

我希望你在廁所裡攻擊我，而在報紙上向我道歉

愛德華・理查・喬治・希思

愛德華・理查・喬治・希思，英國前首相。

希思一九一六年七月九日生於英格蘭的肯特郡。一九三五年進入牛津大學貝利奧爾學院攻讀哲學、政治學和經濟學。第二次世界大戰期間在皇家砲兵部隊服役，升至中校。一九五〇年當選為下院議員。一九五七年任保守黨督導長。一九五九－一九六〇年任勞工大臣。一九六〇－一九六三年任掌璽大臣。一九六三－一九六四年任工業、貿易和地方發展大臣。一九六五－一九七〇年任保守黨領袖。一九七〇－一九七四年任首相兼第一財政大臣、英聯邦協會主席。一九七四－一九七五年再次擔任保守黨領袖。一九八一年任國際顧問委員會、國際報導新聞組織主席。二〇〇五年七月十七日去世，享年八十九歲。

希思愛好音樂，曾任英國皇家音樂學院理事會理事、倫敦交響樂團榮譽主席、歐洲共同體青年管弦樂團團長和巴哈合唱團副團長。

希思著有《一個國家——托利黨對社會問題的一種處理方法》（一九五〇年）、《舊世界，新眼光》（一九七〇年）、《航行：我的生活歷程》（一九七五年）、《為生活增添樂趣的音樂》（一九七六年）、《旅行：我一生結識的人物與到過的地方》（一九七七年）、《聖誕頌歌：恭賀耶誕節》（一九七七年）等著作。

英國政治家比弗布魯克男爵（一八七九－一九六四年），在第二次世界大戰時，已成為邱吉爾戰時重要的內閣成員。他一向仗義執言，對政治和時事從不隱瞞自己的觀點。這當然免不了給他帶來一些尷尬和不快。

有一天，比弗布魯克男爵在「倫敦俱樂部」的廁所裡碰到了愛德華・希思，當時希思還是下院的年輕議員。比弗布魯克覺得很窘迫，因為幾天前，他曾在報上攻擊過希思。他很不好意思地對希思說：「親愛的年輕人，我想那件事就讓它過去了吧。那是我的過錯，現在我向你道歉。」

「謝謝啦！」希思幽默地說，「不過下一次，我希望你在廁所裡攻擊我，而在報紙上向我道歉。」

希思幽默的回答不僅消除了他和比弗布魯克男爵的尷尬，而且巧妙地向比弗布魯克男爵表明了自己的希望，可以說是發揮了一箭雙鵰的作用。

不能總是兩、三個國家點菜，然後問其他國家是否好吃

若澤・曼努埃爾・杜朗・巴羅佐

若澤・曼努埃爾・杜朗・巴羅佐（Jose Manue Duran Barroso），一九五六年三月出生於葡萄牙首都里斯本。他畢業於里斯本大學法律系，一九七八年獲日內瓦大學政治學碩士學位。他通曉英語、法語和西班牙語。一九八五年當選葡萄牙議會議員，一九八七年任外交部國務秘書，一九九二年任外交部長。二○○二年四月任葡萄牙政府總理，二○○四年十一月任歐盟委員會主席。

二○○四年二月，歐洲聯盟三巨頭德國、法國、英國的領袖在柏林召開高峰會議，協調三國有關經濟改革與歐盟政治前途的立場。這讓其他的歐盟國家感到備受冷落而抨擊不斷。

德國總理施洛德、英國首相布萊爾、法國總統席哈克表示，他們將只討論經濟問題，但是其他歐盟領袖卻擔心三人打算成立統轄歐盟的「理事會」。

與會其他官員指出，高峰會的討論重點是二〇〇〇年擬訂的歐盟「里斯本備忘錄」，這項長程方案著眼於如何創造就業機會、刺激經濟成長，縮短歐盟與美國的競爭力差距，進而達到在二〇一〇年超越美國的目標。

德、法兩國始終積極宣導歐洲統合，英國近來積極與兩國接觸，共商如何解決伊朗的核武問題，並商討成立歐洲快速反應部隊的問題。這種現象引起部分歐洲國家的戒心，義大利與西班牙尤甚。他們特別無法忍受，在歐盟準備接納十個新會員國之際，被排除在高峰會外意味他們只是歐盟的次等國家。

義大利總理貝魯斯柯尼警告，如果德、法、英企圖成為獨攬歐洲大政方針的「太上皇」，局面勢必一團亂。其他歐洲國家也認為，他們已被摒除在外。

葡萄牙總理巴羅佐的話更具體：

「不能總是兩、三個國家點菜，然後問其他國家是否好吃。」

其實，一直以來，圍繞著歐盟主導權的爭奪，各大國之間都在進行著激烈的「角力」，比如不久前歐盟二十五個成員國在布魯塞爾就歐盟財政預算案一直激烈辯論至深夜。十個來自東歐的新成員國，包括像波蘭、捷克這樣的「窮弟兄」，為了讓預算案順利通過，提出自願削減歐盟提供的撥款數目，並把這些款項轉讓給瑞典、荷蘭、芬蘭、英國這些「富兄長」們。但沒想到，與這些「窮弟兄」們的慷慨大方形成鮮明對照的是，歐盟裡的大老們卻為各自利益吵得不可開交，最終鬧了個不歡而散。歐盟財政預算案最終沒能通過。

此次高峰會失敗的主要原因從表面上看是歐盟中對財政貢獻最大的幾個富國在喋喋不休地爭取各自的利益：法國拒絕歐盟削減對該國農業的優厚補貼；義大利聲稱如果歐盟砍掉對該國南部貧困地區的援助，他們將否決預算；德國、荷蘭和其他國家反對增加歐盟開支；而英國則堅持要每年四十六億歐元的財政「返款」。

但實質上，這些爭吵的背後涉及了「兩種歐洲觀」的問題。以布萊爾為代表的主張「自由化歐洲」的國家認為，歐盟現行的財政體制過於「社會化」，過於保護法國缺乏競爭力的農業，而未能將更多的投資用於能夠加強歐洲競爭力的科研、教育、就業等領域，從而阻礙了歐洲經濟的成長。

而法國則與英國恰恰相反，其主張的是在全球化背景下競爭與社會保障更加平衡的「社會化歐洲」。英、法代表兩個不同的歐洲概念，是歐洲左、右翼思想衝突的集中表現，歐盟歷史上的諸多「危機」根源也在於此。當然，自身利益的驅使及國內政治的牽制也是產生矛盾的不可忽略的因素。

席哈克和施洛德在高峰會結束後，異口同聲地指責英國和布萊爾「自私」，但現實卻是，法、德軸心再也無力主導歐盟二十五國來共同孤立英國和迫使布萊爾讓步。相反地，布萊爾非常明顯地利用了法、荷公投失敗，法、德軸心遭到嚴重削弱之機，一再發出「歐盟不能再如過去那樣進行管理」的說法，毫不掩飾其奪取歐盟主導權的野心。

但布萊爾此次的如意算盤肯定打不響。本來，如果英國能夠在歐盟處於這種危機的時刻做出姿態、挽救歐盟於狂瀾，將會給二十五國在法、德軸心遭到削弱之際留下一個深刻的印象，英國將很有可能率領「新歐洲」自然形成歐盟的另一個「核心」。但布萊爾在政治上的短見、英國人在強勢下絕不讓步的傳統習慣，使英國相反地進一步自毀了其形象，又一次被貼上歐盟內部的「自私者」標籤。

現在世界已經進入了多元化的時代，不可能光靠幾個大國來解決所有的問題。巴羅佐說得對，不能總是兩、三個國家點菜，然後問其他國家是否好吃。

請您不要再把海軍說成『我們』，而把陸軍說成『他們』

喬治・卡特利特・馬歇爾

喬治・卡特利特・馬歇爾（一八八〇—一九五九），美國陸軍五星上將、戰略家。

馬歇爾生於賓夕法尼亞州尤寧敦鎮。一九〇一年畢業於維吉尼亞軍事學院。一九一七年赴法參加第一次世界大戰，次年任駐法美軍第一集團軍作戰處處長、第八軍參謀長。一九一九—一九二四年任潘興將軍的副官。一九二四—一九二七年任駐中國天津第十五步兵團代理團長。一九二七—一九三二年任班寧堡步兵學校副校長。一九三六年八月晉升準將，任第三步兵師第五旅旅長。一九三八年夏任陸軍作戰計畫處處長兼陸軍副參謀長。一九三九年九月一日出任美國陸軍參謀長，晉升上將。

二次大戰期間，馬歇爾為美國參謀長聯席會議和英美參謀長聯合委員會主要成員、美國總統主要軍事顧問，是美國軍事戰略的主要計畫者和組織實施者。任內大力擴充軍事力量，堅決維護「先歐後亞」戰略，力主在法國儘早開闢二次世界大戰戰場。曾隨羅斯福總統參加卡薩布蘭加、魁北克、德黑蘭、雅爾達等重要國際會議。一九四四年十二月晉升五星上將，一九四五年十一月辭去陸軍參謀長職務，同年十二月作為總統特使赴中國調解國共關係；參與國共談判。

馬歇爾於一九四七年一月出任國務卿，擁護推行「冷戰」政策的杜魯門主義，提出並實施復興西歐經濟的「馬歇爾計畫」，參與發起並成立了北大西洋公約組織。一九四九年初去職。一九五〇年九月至一九五一年九月任國防部長，參與制訂美國在北韓戰爭中的軍事戰爭。

第二次世界大戰初期，當馬歇爾將軍竭力運籌，讓當時尚無準備的美國做好加入第二次世界大戰的準備時，他在哪個軍種最需要加強的問題上遭到了羅斯福總統的堅決反對。馬歇爾認為最需要的是一支強大的高度現代化的陸軍，而羅斯福總統是海軍出身，他認為最需要的是一支強大的海軍，加上規模宏大的空軍。

有一次，馬歇爾又陷入與羅斯福總統的激烈辯論中，羅斯福的態度咄咄逼人，這時，經常板著臉的馬歇爾強作笑臉，「至少，總統先生，是否請您不要再把海軍說成『我們』，而把陸軍說成『他們』了。」羅斯福從眼鏡的上方對馬歇爾審視了片刻，然後，他咧開嘴大笑起來。之後，他對馬歇爾的提議進行了一次更加客觀的分析，最後終於接受了首先加強陸軍的觀點。

馬歇爾的話巧妙地指出：不管海軍還是陸軍，都是美國軍隊不可缺少的一部分。羅斯福總統只是因為自己曾經在海軍工作多年就對海軍偏存好感，而不能站在公正的立場上來平等地對待海軍和陸軍，這句話終於使得羅斯福總統對他的提議進行了一次更加客觀的分析，最後終於接受了他的觀點。我們在辯論中，也要善於抓住對方語言方面的漏洞，做到「一語中的」，這樣才能讓對方信服。

很多時候，放棄也是一種收穫

李開復

穩定是好的，但是如果穩定是一種枯燥，是一種不能夠讓自己再推進自己，沒有再學習，沒有再進步，變成在原地踏步，那還不如冒一些風險。當然冒風險也必須要算好風險的機率，能不能承擔最壞的可能。

一個優秀的人，不僅明白「做什麼」，還要明白「不做什麼」；不僅能做到該做的事，還能捨棄不該做的事。面對很多的誘惑，我們首先要放棄，決定不做什麼，剩下的就是我們要做的。

選擇的反面就是放棄，選擇了一個機會，就等於放棄了其他所有的可能。當新的機會擺在面前的時候，敢於放棄已經獲得的一切，這不是功虧一簣，這不是半途而廢，這是為了謀求更大的發展空間。

從哥倫比亞大學以第一名成績畢業後，李開復如願進入業內最負盛名的卡內基・梅隆大學攻讀電腦博士學位，並把自己的研究方向定為「語音識別」。在不到5年的博士生涯裡，李開復繼續令人吃驚，他做的兩件事至今還為電腦界津津樂道：一是開發出「奧賽羅」人機對弈系統，並在1988年讓當時奧賽羅棋世界冠軍布萊恩・羅斯崩潰認輸；二是大膽脫離導師的研究方法，改用統計學方法開發出一個識別率高達96％的非特定使用語者連續語音識別系統——Sphinx。不僅震撼了學術界，被美國權威雜誌《商業周刊》評為1988年最重要的科學發明，還引起了不少IT巨頭的注意。

因Sphinx而在電腦界嶄露頭角的李開復接到了IBM、蘋果和貝爾實驗室等世界一流公司的加盟邀請，導師蘭迪教授此時也盛情邀請他留校任教。學校希望依靠他在語音識別方面的成就爭取美國國防部每年100萬美元的學術經費，作為回報，李開復可以破格跳過博士後，直接升為副教授，且有大約10萬美元的年薪。

卡內基・梅隆大學由此出現了一位最年輕的副教授，這對任何人來說都是一份榮光，但在後來，這卻被李開復視為「一個錯誤決定」：他根本不能忍受自己的研究論文成為一堆廢紙，更不願為了幫學校拉來更多經費而違背自己的個性。

1990年，就在李開復感到憋屈的時候，正在開發第三代Mac產品的蘋果公司找到了他，希望他能為這款產品添入語音識別的功能。同時，年輕的蘋果公司也希望能夠邀得這位年輕的科學家加盟。

「論文裡的技術如果不運用，終將成為廢紙，即便一輩子論文等身，對世界又有多大的影響力呢？」蘋果公司副總裁戴夫・耐格爾的話，將李開復推到了職業生涯的第一個岔路口。一邊是繼續留校，拿到終身職教授這個鐵飯碗，寫一大堆論文；另一邊是加入彼時電腦行業的老大、最酷的蘋果公司，將語音識別技術運用在最酷的產品上，以此來改變世界。

李開復愈來愈感到，象牙塔裡的純學術環境，已經變成束縛理想的桎梏，他的內心做出了決定：放棄了對終身教授職位的追尋，加入了改變世界的隊伍。

1990年，李開復成為了蘋果Mac Ⅲ研發小組的一員，蘋果希望將Mac Ⅲ做成集語音識別、無線上網和視頻會議為一體的最酷的產品。不到一年，他的研發使Mac Ⅲ的語音識別速度提高了40倍，而且達到了很高的識別率。

剛加盟蘋果的工作團隊，李開復全心地放在技術研發上，並沒有參與公司管理。及至1992年，當他所在的專案被突然叫停之時，公司卻突然通知他出任ATG研發集團語音組的經理，李開復第一次「稀裡糊塗」地當起了官。

在長達6年的蘋果之旅中，李開復先後擔任過語音組經理、多媒體實驗室主任和互動多媒體部全球副總裁。

得失往往是相對的，有所失才能有所得，成功往往在於選擇，而選擇意味著放棄。貪心不足蛇吞象，很多人、很多企業公司之所以失敗，原因就在於心太貪，捨不得放棄，不懂得犧牲。看看這也能賺錢，看看那似乎也能賺錢，看看張三做這發了，看看李四做那也發了，於是自己坐不住了，耐不住寂寞，覺得自己什麼事都能幹，什麼事都想做，什麼錢都想賺。到頭來竹籃打水一場空。

有錢大家賺，利潤大家分享，這樣才有人願意合作

李嘉誠

有錢大家賺，這是李嘉誠不變的原則。在利益共享方面十分慷慨，容易贏得眾多追隨者，這使李嘉誠很有人緣，生意愈做愈大，愈做愈容易。

在香港地區，董事長每年會從利潤中拿出一定比例來獎勵董事會成員，稱之為「袍金」。李嘉誠出任十餘家公司的董事長或董事，所得「袍金」會有上千萬港元。但是，他把所有的袍金都歸入長江實業的帳上，自己全年只象徵性地拿5000港元。

要知道，這5000港元還不及一名清潔工在20世紀80年代初的年薪。李嘉誠在董事袍金上的做法，成為香港商界、輿論界的美談。

更重要的是，李嘉誠每年放棄數千萬元袍金，主動把利益和大家一起分享，而不是獨吞，獲得了公司眾股東的一致好感。愛屋及烏，大家自然也信任長實系的股票，甚至出現了這樣

的情況，李嘉誠購入其他公司股票，投資者主動跟進，成為投資界的佳話。

李嘉誠的「分享」哲學，體現了互利互惠的經營觀。做生意，本身就是合作的過程，只有在合作中才能實現交易。經商過程中，主動與人分享利益，贏得的是他人的信任，更多的業務夥伴，以及未來的市場。

李嘉誠說過：「如果一單生意只有自己賺，而對方一點不賺，這樣的生意絕對不能做。」意思是，商人應該利益均沾，這樣才能保持久遠的合作關係。反之，光顧一己利益，而無視對方的權益，只能是一錘子買賣，自己將生意做斷做絕。

因此，做生意千萬不要「鐵公雞一毛不拔」。反之，要經常讓些小利給別人。讓小利於人，眼下像吃了點虧，但從長遠觀點看並非吃虧。

事實上，讓小利於人，別人不僅不會因爭利而與你敵對，反而會生出感激之情，信任於你。取得別人的信任比什麼都重要，而取得同行的信任就更為重要。信任你的同行不僅不會讓別人拆你的牆角，關鍵時刻還會幫你一把。即使不能幫你，至少也不會落井下石。

作為一個理智的商家，就一定要具有長遠的戰略眼光，應該把精力集中在創富上，而不是過於摳門。如果與夥伴爭小利，眼睛死死盯在眼前的利益上，一方面會因把精力耗於此種競爭而無精力去「造大勢」；另一方面會因爭小利而得罪周圍的同行，樹敵過多，被人聯合而攻之。

此外，我們還要明白，做生意的本質就是合作，要時刻注意合作夥伴的利益和訴求，要讓合作夥伴擁有足夠的回報空間。

在任何一個行業中，如果能有兩家公司保持比較好的合作夥伴關係，這兩家公司都可以達到雙贏的局面。合作夥伴之間的活動對雙方都有利是雙方保持穩定合作的基礎，這就需要雙方的任何一方都多為對方著想，多考慮對方的利益。如果只是想著自己多得到一些利益，而讓對方少得到一些利益，這種合作夥伴關係必將走向破裂，受害的是合作的雙方。

試想一下，在一項業務合作中，如果雙方都拿50％的利潤，這個活動可以很好地進行下去，因為雙方都感覺到自己的50％是應該拿的。但如果一方只拿40％，而願意把利潤的60％都讓給對方呢？這樣在短期內或許是吃虧，但從長遠看呢？你的贏利是什麼呢？

答案不言自明，長期合作的收益遠遠比一次合作的收益要高得多，有著良好的信譽，在行業中有幾家關係穩定的合作夥伴，是事業立於不敗之地的重要保障。對商人來說，懂得讓利，在利潤分享上大方一些，才能贏得合作，讓生意長長久久。

婚姻好比兩壺水

王寵惠

王寵惠，祖籍廣東東莞，一八八一年生於香港，一八九五年考取北洋西學學堂，攻讀法律，一八九九年以優異的成績畢業，獲得中國近代第一張畢業文憑（欽字第一號）。從一九〇一年開始，王寵惠先後赴日、美、英繼續攻讀法學。在美求學期間，王寵惠與孫中山交往甚密，深受孫中山民主革命思想影響，是早期同盟會會員。

一九一二年，經孫中山提名，王寵惠被任命為南京臨時政府外交總長，後來歷任復旦大學副校長、軍務院外交副使長等要職。一九二二年九月，任北京內閣總理，兩個月後辭職。一九二三年，王寵惠被國際聯盟選為海牙常設國際法庭正法官。一九二八年任南京國民政府司法院院長。抗戰期間，歷任南京政府外交部長、國防最高委員會秘書長。一九四七年夏任司法院院長。一九五八年在台北逝世。

王寵惠在倫敦時，有一次參加外交界的宴席。席間有位英國貴婦人問王寵惠：「聽說貴國的男女都是憑媒妁之言，雙方沒經過戀愛就結成夫妻，那多不對勁啊！像我們，都是經過長期的戀愛，彼此有深厚的了解後才結婚，這樣多美滿啊！」

王寵惠笑著回答：「這好比兩壺水，我們的一壺是冷水，放在爐子上逐漸熱起來，到後來沸騰了，所以中國夫妻間的感情，起初很淡，而後慢慢就好起來，因此很少有離婚的事件。而你們就像一壺沸騰的水，結婚後就逐漸冷卻下來。聽說貴國的離婚案件比較多，莫非就是這個原因吧？」

王寵惠的比喻不僅巧妙，而且非常恰當，不僅反駁了那位英國貴婦人的偏見，而且點出了中、西文化的差別。

在遙遠的盡頭，我們可以看到一些亮光

季辛吉

亨利・艾爾弗雷德・季辛吉，美國著名的外交家、現實主義理論家。

季辛吉於一九二三年出生在德國費爾特市，他原為德裔猶太人。一九三三年希特勒上台迫害猶太人，季辛吉一家被迫背井離鄉，遷往美國。一九四三年，季辛吉成為美國公民，應徵入伍，開赴歐洲作戰。其時季辛吉已初步顯露政治才幹。一九四七年進入哈佛大學政治系就讀，一九五四年在獲得該校博士學位。一九五一－一九七一年間，任教於哈佛大學並擔任該校國際論壇負責人。一九六九－一九七五年任美國總統國家安全事務助理。一九七三－一九七七年，任美國國務卿，在其任內，實現了中美建交。一九七七年退出政壇後擔任國際戰略研究中心顧問、對外關係委員會顧問等職務。季辛吉兼具學者和決策者的雙重身分，崇尚現實主義權利論，重視大國外交，強調均勢實現。其主要著作有：《核武器與對外政策》

（一九五七）、《選擇的必要：美國隊外政策展望》（一九六一）、《重建的世界——拿破崙之後的歐洲：重新評價大西洋聯盟》（一九八〇）、《動盪年代》（一九八二）、《大外交》（一九九四）。

第二次世界大戰後，越南、寮國、柬埔寨人民經過武裝戰爭和起義，先後取得了獨立。一九四五年九月二日，胡志明在越南北方的河內以臨時政府的名義宣告越南民主共和國成立，並積極採取行動恢復越南的統一。與此同時，在越南南方，一直堅持反共的吳庭豔，於一九五五年十月在美國的支持下，在西貢成立新的政府。

越南內戰爆發後，一九六一年五月，為防止吳庭豔政權垮台，美國派遣一百名代號為「綠色貝雷帽」的所謂「特種部隊」進入南越。一九六二年二月八日，美國在西貢設立了由保羅・哈金斯將軍指揮的軍事司令部，標誌著美國開始直接介入越南戰爭。但是美軍的介入行動遭到了越南南方游擊隊的強烈抵抗。到一九六四年，越南南方游擊隊解放了南方三分之二以上的土地和七百萬人口，美國的軍事介入行動嚴重受挫。

美軍在南越的軍事受挫激怒了美國統治集團。一九六三年底，美國總統詹森在一次會議上說，吳庭豔政權沒能阻止「紅色浪潮」的蔓延，越南的形勢完全有可能掌控在胡志明手上，這種狀況「極不令人滿意」，「必須有所改觀」。一九六三年十一月一日，美國在南越策動軍事政變，殺了吳庭豔，換上了新的傀儡楊文明，並積極擴大對北越戰爭的規模。

美軍和南越軍隊對革命的絞殺激起了更多的反抗。從一九六四到一九六五年，越南南方民族解放軍和游擊隊機動作戰，進行了一系列奇襲戰、伏擊戰、攻堅戰、圍點打援和反掃蕩戰。據初步統計，南方軍民共殲滅美軍近六千人，超過一九六一年到一九六四年十二月底所殲滅的美軍總數的一倍。

由於南方人民武裝的堅決抵抗和越南軍民團結一致，美國在越南耗費了巨大人力、物力卻沒有取得預想效果，遭致國內外一致反對。美國國內的反戰運動一浪高過一浪。一九六九年一月，在尼克森就任總統時，華盛頓上萬名群眾，高舉著「尼克森是頭號戰犯」、「尼克森是億萬富翁的工具」等標語牌走上街頭，舉行大示威，嚇得尼克森只好躲在防彈的「玻璃罩」裡發表「就職演說」。

迫於國內外的強大壓力，尼克森找到總統國家安全事務助理季辛吉，希望他能幫助美國走出越戰泥淖。於是季辛吉開始積極奔走斡旋。

一九七三年一月二十七日，美國經過長期談判，與越南民主共和國在關於越南問題的《巴黎協定》上簽字，宣告美國在越南軍事行動的結束。

巴黎舉行的秘密談判期間，越南代表義正辭嚴地指出，美國從越南撤軍是談判成功的先決條件。季辛吉深知與越南的談判是極其艱難和複雜的，但仍抱有希望，他巧妙地說：「我們有一條長長的隧道要穿過，但在遙遠的盡頭，我們可以看到一些亮光。」

越南外交部長也以妙語回贈：「如果美國從越南撤軍，那麼談判進程就會以光的速度穿過這條隧道。」

前途是光明的，道路是曲折的。每一個人都討厭戰爭、渴望和平。只要大家朝著和平的夢想和目標前進，那麼不管多麼長的「隧道」，終會有見到「亮光」的一天。

只要你有節省的願望，那麼你總會找到辦法的

柯南道爾

美國航空公司（簡稱「美航」）是美國最大也是最賺錢的航空公司之一。美航的成功，歸因於它的執行長官羅伯·柯南道爾及其管理團隊所採取的一連串策略，其中包括開發出產業中的最佳資訊系統、有效的行銷策略（例如經常搭機旅客里程優惠方案）、高品質的顧客服務，以及追求將成本降到最低的熱情。

美航想盡辦法節省成本，包括更換現代化、短程，而且更省油的飛機；發展軸輻式的路線結構以減少間接成本；增加每班機的座位密度，通過勞動契約和雙層工資結構減少勞工成本，以及削減燃油與其他非勞工的變動成本。

除了代表美航標誌的紅、白、藍條紋外，美航飛機不加任何油漆，這項策略降低了油漆和燃油的成本。一架不上漆的DC10大約輕了四百磅，因此每年每架飛機的燃油大約可以省下十二萬美元。

二十世紀八十年代中期，美航把每架飛機的內部重量至少減輕了一千五百磅，而重量之所以能夠減輕，是因為裝上了較輕的座椅；把金屬推車改換成強化塑鋼；換用較小的枕頭和毛毯；在頭等艙中使用輕型器皿，以及重新設計服務空廚。這些改變為美航的每架飛機每年至少節省二十二萬美元的航空油費。

柯南道爾和他的管理團隊在追求成本最小化的過程中，做到了鉅細靡遺。有一回，柯南道爾在美航班機上，把未吃完的剩菜倒入一個塑膠袋，交給機上負責餐食的主管，下令「縮減晚餐沙拉的分量」！他還不滿意，又下令拿掉每位旅客的沙拉中的一粒黑橄欖。如此一來，又為美航每年省下了七萬美元。

有一回，柯南道爾為了省錢，開除了一條看門的狗。

在一次訪談中，柯南道爾自己說明：「沒錯，我們在加勒比海邊有一棟貨倉，早先我們雇用一個人整夜看守，後來決定要省掉這項支出。有人說：『我們需要一個人來防止盜竊。』我就說：『把他換成臨時工，隔天守夜一次，也不會有人知道他在不在。』過了一年，我還想減少成本，便告訴他們：『何不換成一條狗來巡守倉庫？』我們就這麼做了，而且有效。又過了一年，我還想把成本再往下降，下屬說：『我們已經降到只用一條狗了。』我就說：『你們幹嗎不把狗叫的聲音錄下來播放？』我們如此做了，也行得通，沒人知道那裡是否真的有條狗在看守。」

柯南道爾說：「我媽媽說過：『只要你有節省的願望，那麼你總會找到辦法的。』我相信這一點。」

節省的每一分錢都是地地道道的純利潤。假如純利潤率是10％的話，你節省一元錢，就相當於多賺10元。

如果生命可以重來，我絕不再投身政治

柴契爾夫人

瑪格麗特．希爾達．柴契爾（Margaret Hilda Thatcher），因嫁與柴契爾先生，故稱為柴契爾夫人。英國前首相（1979—1990），也是英國歷史上第一位女首相，有「鐵娘子」之稱。

柴契爾夫人1925年10月13日生於英格蘭林肯郡格蘭瑟姆市。1943年進牛津大學薩默維爾女子學院攻讀化學。大學時代參加保守黨，並擔任牛津大學保守黨協會主席。1959年當選為保守黨下院議員。1961年任年金和國民保險部政務次長。1964年任下院保守黨首席發言人。1970年任教育和科學大臣。1975年2月當選為保守黨領袖。1979年5月保守黨大選獲勝，柴契爾夫人出任首相，成為英國歷史上第一位女首相。1983年六月和1987年六月連任首相。1990年11月辭去首相職務。1992年6月被封為終身貴族。著有回憶錄《唐寧街歲月》。

已經老去的柴契爾夫人行動緩慢，客廳的角落裡放著一棵假的聖誕樹，上面裝飾著閃爍的燈飾。音樂在空蕩蕩的客廳裡響起，柴契爾夫人一個人坐在客廳的沙發裡。

街上的人們都在慶祝耶誕節，擁擠的人群阻擋不了歡樂的氛圍。但家裡除了她就只有忠誠的老管家凱特。2011年的這個耶誕節和丹尼斯去世之後的每一個耶誕節一樣冷清。卡羅爾和馬克，她的一對雙胞胎兒女都也同樣和2010年的耶誕節一樣不在她身邊。

卡羅爾住在馬德里，她想學西班牙語。她和她的前男友、滑雪教練瑪律科·格拉斯一起正在瑞士度假勝地克羅斯特斯度過一個白色耶誕節。而2010年的耶誕節，卡羅爾在義大利旅行。

馬克和他的妹妹不一樣。他正在加勒比島國巴巴多斯的海灘上和好友們分享紅酒，曬曬太陽。藍天碧海、陽光沙灘，馬克居住的酒店每天收費1800英鎊。他正在購買巴巴多斯一所價格高達數百萬英鎊的房產，如果購房成功，馬克將會和「選秀之父」西蒙·考威爾、英國「貓王」克里夫·理查，以及著名演員卡拉·布萊克等其他社會名流成為鄰居。

有人曾經邀請柴契爾夫人參加聖誕派對。但這些衣冠堂皇的派對已經不適合她了。中風以後她的記憶力越來越差，能夠清晰的記得多年以前發生的事，但卻記不住剛剛和她說過話的人。她已經很少出門了。

當年在世界政壇叱吒風雲的鐵娘子，只能獨自一人度過一個孤單的耶誕節。負責保衛她的警衛們準備一起在耶誕節上午拜訪她，讓她的耶誕節顯得不那麼冷清，也讓她能夠有一些事情可以打發時間。而耶誕節的中午，柴契爾夫人將會和她的管家凱特一起享用傳統的聖誕大餐。下午，她將會觀看曾經一同站在權力巔峰十一年的女王的聖誕祝詞，雖然很有可能她會立刻忘記剛剛女王講了什麼。

但她仍然盼望著她的兒女，卡羅爾和馬克，能夠經常來看看她。

卡羅爾覺得她的媽媽柴契爾夫人更加愛她的哥哥馬克，而她和父親丹尼斯的關係更親密。從牛津大學法律系畢業的卡羅爾成為了一名記者。在牛津大學期間，她從來沒有參加過牛津大學保守黨的任何活動。

1991年，當她的母親正因為人頭稅而面臨著全國的責難時，卡羅爾拒絕繳納人頭稅。有記者問她如果她的母親柴契爾夫人知道了這件事會有什麼想法，卡羅爾則回答說：柴契爾夫人不會關心的。

2005年，卡羅爾在英國電視野外生存真人秀《我是名人，請帶我離開》節目中成為家喻戶曉的人物，並且贏得了800萬觀眾的支持。有人問卡羅爾是否將這個好消息告訴了柴契爾夫人時，卡羅爾回答說：「我不知道她的電話號碼。」

卡羅爾甚至曾經帶著憤怒和悲傷地情緒向母親咆哮，「柴契爾夫人，你曾經是一位了不起的首相，但你一直是一個糟糕透了的媽媽！」

而馬克，似乎成了柴契爾夫人是一個失敗的母親最好的證人。

早在1982年1月，馬克就受到全英國甚至全世界的關注。

馬克參加從巴黎到達喀爾的汽車拉力賽，在撒哈拉沙漠中失蹤了整整六天。正在忙於馬島海戰的鐵娘子柴契爾夫人第一次在公眾面前落淚。丹尼斯親自趕到了失蹤地點，乘飛機在沙漠中搜救馬克。當丹尼斯在離終點30英里的地方發現馬克和他的一位漂亮的女同伴時，馬克說：「嗨，爸爸你好，你來這裡做什麼？」

柴契爾夫人親自趕往機場迎接她的兒子馬克。和媒體唇槍舌劍交鋒多年的柴契爾夫人第一次放低了姿態，懇求媒體不要過多的報導馬克。

而多年以後，馬克又一次需要他的母親來幫助他。

2004年3月29日，赤道幾內亞發出了對馬克的全球通緝令。有證據表明，馬克參加了赤道幾內亞的一場反政府政變，但員警們卻不知道他在哪裡。

當英國記者在西班牙太陽海岸發現馬克時，他拍拍記者的肩膀，滿不在乎的告訴記者，兩天前他剛剛在英屬直布羅陀的一個政府辦事處裡舉行了秘密婚禮。很長時間沒有見到兒子的柴契爾夫人終於在第二天的報紙上和全英國人一起得到了他結婚的消息。

8月，馬克在南非坎普鎮的家中因為資助赤道幾內亞的反政府爭辯而被捕。

年老的柴契爾夫人不得不在耶誕節前夕拖著病體登上了去往南非的飛機。

為了馬克，曾經讓蘇聯人頭疼不已的鐵娘子態度誠懇的到處懇求，希望能夠讓馬克盡可能少的被處罰。最終，馬克被判5年緩刑，並交納27萬5千英鎊的罰金。柴契爾夫人為馬克繳納了罰金，2005年1月13日案件告結，馬克獲准保釋離開南非。但馬克從來都是處在不斷地麻煩中。2006年，馬克因為另一起官司又再次入獄。

2013年4月8日，柴契爾夫人在英國倫敦麗茲酒店去世。她的房間裡放滿了丹尼斯、馬克、卡羅爾和孫子孫女的照片。但她身邊只有陪伴她度過了晚年的看護和警衛。卡羅爾和馬克不僅沒有立刻趕回英國，更發表聲明表示不久前以他們的名義發表的關於柴契爾夫人去世的聲明不是他們發的。他們表示他們會出席4月10日柴契爾夫人的葬禮。

英國女王、首相，世界各國政要，社會名流，柴契爾夫人的葬禮有將近2000人參加，但對她來說，如果她還能夠看到，她會很高興她的女兒卡羅爾和兒子馬克都在，還有她那一對跟著馬克的前妻居住在美國的孫子邁克爾和孫女艾曼達，他們終於都來看她了。

最偉大或者最令人痛恨的柴契爾夫人終其一生都沒有被打倒過，但在她晚年談到她的兒女時，鐵娘子終於說出了一句軟弱得不像她能夠說出來的話——「如果生命可以重來，我絕不再投身政治。」

戰爭將會造就英雄豪傑，會滌蕩一切污泥濁水

喬治・巴頓

喬治・巴頓（George S. Patton），美國著名將領、軍事家。

巴頓一八八五年十一月十一日生於美國加利福尼亞豪門之家，一九〇九年畢業於美國西點軍校，一九一一年十二月調入位於邁爾堡的陸軍參謀部任職。一九一二年夏季參加了在瑞典首都斯德哥爾摩舉行的第五屆夏季奧運會，取得五項全能項目的第五名。同年底在陸軍參謀部辦公室臨時任職，一度擔任陸軍參謀長倫納德・伍德和陸軍部長亨利・史汀生的副官。在此期間在《陸海軍雜誌》上撰文建議改進騎兵軍刀獲得採納，他設計的兩萬把「巴頓劍」被配發到美國陸軍部隊，使他初揚其名。

一九一三年夏自費赴法國學習劍術。一九一六年任潘興將軍的中尉副官，兩年後升任上校。一九一七年隨潘興赴法參戰，組建了美國第一支坦克部隊。一九三九年受命組建裝甲旅，晉升為準將。一九四二年任第一裝甲軍軍長、獲頒少將軍銜，同年八月率四萬鐵騎渡大西洋登陸北非。一九四三年與英國將軍蒙哥馬利聯手取得阿拉曼戰役勝利，肅清了北非德軍後，晉升為中將，任第一集團軍司令，指揮了登陸義大利西西里島戰役。

一九四四年任第三集團軍司令，作為第二梯隊參加諾曼地登陸，利用閃擊戰率軍橫掃歐洲，直至奧地利，九個月間，殲敵一百四十萬，解放大小城鎮十三萬座，且相對傷亡最小。第二次世界大戰後擢升四星上將，任巴伐利亞洲軍事長官、十五集團軍司令。一九四五年十二月九日，打獵途中遇車禍傷重不治，卒於海德堡。

巴頓是一位充滿傳奇色彩的人物，他一生呈現出鮮明的個人性格特點，引起世人不同評論，很多人認為他是「一位統率大軍的天才和最具進攻精神的先鋒官」和「二十世紀的拿破崙」；但也有人認為他「勇猛有餘、智謀不足」、「驕傲自大、華而不實」。軍事學者指出：「作為統帥人物，巴頓將軍的最大特點就是以他自己的尚武精神去激勵部下，用他的個性去影響部下在戰場上奮勇向前。」

在第一次世界大戰前動員中，巴頓對他的第三集團軍的戰士發表了著名的演講：

「……有時免不了有人會抱怨，說我們對戰士要求太嚴，太不近情理。讓那些抱怨見鬼去吧！我堅信一條金玉良言，就是『一杯汗水，會挽救一桶鮮血。』我們進攻得愈堅決，就會消滅愈多的德國鬼子。我們消滅的德國鬼子愈多，我們自己人死得就會愈少。進攻意味著更少的傷亡。我希望大家牢牢記住這一點。

「凱旋回家後，今天在座的弟兄們都會獲得一種值得誇耀的資格。二十年後，你會慶幸自己參加了此次世界大戰。到那時，當你在壁爐邊，孫子坐在你的膝蓋上，問你：『爺爺，你在第二次世界大戰時做些什麼呢？』你不用尷尬地乾咳一聲，把孫子移到另一個膝蓋上，吞吞吐吐地說：『啊……爺爺我當時在路易斯安那鏟糞。』與此相反，弟兄們，你可以直盯著他的眼睛，理直氣壯地說：『孩子，爺爺我當年在第三集團軍和那個喬治．巴頓並肩作戰！』」

巴頓曾經說過：「戰爭是人類所能參加的最壯麗的競賽。戰爭將會造就英雄豪傑，會滌蕩一切污泥濁水……與戰爭相比，人類的一切奮鬥都相形見絀……如果能讓我參加戰鬥，我甘願去當一名少尉。」

老兵不死，只是悄然隱去

道格拉斯・麥克阿瑟

道格拉斯・麥克阿瑟生於一八八〇年，卒於一九六四年，是美國五星上將，第二次世界大戰期間著名的軍事家。他個性複雜而又豐富多彩，桀驁不馴，唯我獨尊。最後，被杜魯門總統解職。他生在軍營裡，長在軍營裡，立業、建功也在軍營裡。他不同於美國歷史上的其他將領，在他的一生中充滿了無數個唯一和第一，他在西點軍校的成績名列第一；第一次世界大戰美軍中最年輕的準將是他；後來西點軍校中最年輕的校長、最年輕的陸軍參謀長都是他。他還是美國歷史上唯一參加過兩次世界大戰和一次北韓戰爭的將軍，也是對日本命運和太平洋地區影響最深的美國人。

一九五一年四月十九日中午，他在國會大廈發表了他一生中最成功、最出色、最動人的一次演說。這場演講總共有三十四分鐘，有三十次都被那些如癡如醉的議員們長時間的熱烈掌聲所打斷。他在開場白中說：

「我站在這個講壇上，有著深切的自卑和萬分的自豪之感，自卑的是我沒有想到在我之前就有無數偉大的歷史締造者們；令我感到自豪的是，這裡是迄今為止所能創立的最純潔的自由，全人類的希望、心願和信念都集中於此。」

此次演說的結尾更是精采絕倫、讓人聞之動容。麥克阿瑟神情激動地說道：「我馬上就要結束我五十二年的戎馬生涯了。我孩提時代的全部希望和夢想都實現了，我現在可以自豪地宣布：老兵永遠不死，只是悄然隱去。」

這句話真正道出了老兵麥克阿瑟的心聲，一個可以把一生的經歷全部獻給軍營的真實感言。

任何演講都會有句號，我就作為今晚演講的句號吧

大衛・艾森豪

德懷特・大衛・艾森豪（一八九〇—一九六九），著名軍事家、政治家，美國第三十四任總統。

艾森豪生於德克薩斯州。父親大衛・雅科布・艾森豪半生艱難，最後任一家煤氣公司經理。母親艾達・伊莉莎白・斯托弗是個虔誠的教徒。艾森豪出世時，雙親除日常穿的衣服和簡單的日用必需品外，一無所有。

艾森豪靠自己的努力考入西點軍校，以優異的成績以少尉軍銜畢業。艾森豪的軍事天才受到參謀長馬歇爾的賞識，他在部隊中步步高升，從一九四一年的上校，一直升到一九四五年的五星上將。一九四五年凱旋後，杜魯門總統任命他為陸軍總長。一九四八年退役，任哥倫比亞大學校長。

一九五二年參加總統競選獲勝。一九五六年連任。任期內，他結束了北韓戰爭，但建立了東南亞條約組織，提出了艾森豪主義，並繼續推行冷戰政策。

在軍人不參政的美國，由將軍而登上總統寶座的人並不多見，而艾森豪就是獲此殊榮的人物。一九四二年六月，在馬歇爾的舉薦下，艾森豪被任命為歐洲美軍最高司令。諾曼地登陸戰的勝利，使艾森豪的聲譽達到頂峰，並於歐洲戰爭結束前夕，被授予美國的最高軍銜——五星上將。可能大家認識的艾森豪只局限於一位軍事家、政治家，其實平常生活中的艾森豪也表現出了他的平易近人和非凡魅力。

艾森豪是個戎馬半生、戰功卓著的美國總統。現代戰爭需要各方面的知識和人才。要使各方面的作用充分發揮，而不互相摩擦、自我消耗，就要有人從中協調。艾森豪在具體戰役指揮上可能不如巴頓、蒙哥馬利，但在協調各方面關係上極具才能。他以堅定、鎮靜而又平等待人的態度贏得了廣泛的信賴和支持。他還善於發掘人才，所以蒙哥馬利、巴頓、范佛里特等一大批名將，都能為他所用。

艾森豪是個禿頭。他的財政部長喬治・韓弗理也是個禿頭。他們第一次會面時，艾森豪和他親切地握手並且說：「喬治，我注意到你梳頭的方式完全和我一樣。」後來，韓弗理常說他永遠不會忘記艾森豪那種隨和而平易近人的作風。

有一次，艾森豪參加宴會，會上安排了演講，總共邀請了五位嘉賓致詞，艾森豪被安排在最後一個發言。前面四位嘉賓個個口沫橫飛、慷慨陳詞，輪到艾森豪致詞時，時間已經過去兩個小時了，台下聽眾早已經意興闌珊、人群中不時傳來竊竊私語。善解人意的艾森豪一上台便說：

「任何演講都會有句號，我就作為今晚演講的句號吧！」

說完之後鞠躬而退，贏得一片熱烈的掌聲。

現在流行長篇大論的報告，其實聽眾並不願聽毫無意義的廢話，不管說話還是作報告，還是簡略點好。

對長者而言，在他眼中大部分人都是年輕的

約翰・甘迺迪

約翰・甘迺迪，美國第三十五任總統，一九一七年出生於麻薩諸塞州布魯克萊恩城。他從一九六一年到一九六三年間擔任美國總統，一九六三年十一月二十二日在德克薩斯州達拉斯市被暗殺。

約翰・甘迺迪是美國歷史上最年輕的、也最富傳奇色彩的總統。他曾就讀哈佛大學，三十五歲進入參議院，四十三歲當選總統，三年後即將連任時被刺身亡，流星般的隕落使他短暫的一生更平添了幾分神秘。

一九六〇年，在爭奪總統候選人提名的時候，甘迺迪那稚氣的外表成了影響他的不折不扣的不利條件。眾議院資深發言人薩姆・雷伯恩在大庭廣眾之下，公然嘲笑甘迺迪是個乳臭未乾的小子，壓根不適合得到總統候選人的提名。

眾目睽睽之下，甘迺迪不暴怒不反駁，反而贊同老議員的觀點，他還補充說：

「薩姆．雷伯恩可以認為我很年輕，要知道，對於一位七十八歲德高望重的長者而言，他的眼中大部分人都是年輕的。」

甘迺迪的禮貌式回應頗得大家的好評，本來是一次火藥味十分濃的挑釁，讓他無形地化解。他的這種既不使自己尷尬也不令對方難堪的巧辯贏得廣泛的讚賞，包括他的對手在內，大部分人給甘迺迪投了贊成票，總統候選人提名最終落到甘迺迪的身上。

其實，在美國的所有政治選舉中，相互詆毀、彼此誹謗、傾軋……比比皆是。每到拉選票、宣傳時期，就開始了針對競爭對手的攻擊、謾罵、人身侮辱，政治選舉是根本談不上人格尊重的，這在美國早就成了家常便飯，見怪不怪的表演了！

甘迺迪這樣尊稱對方是長者，以巧力爭辯的政治家實不多見。他能使迫在眉睫的危機，平平安安地來個「軟著陸」。所以到後來，甘迺迪當選總統後威信頗高，美國人大多為他癡迷，都非常欣賞甘迺迪在各種場合中溫文爾雅、風度翩翩的氣質。當他遇刺身亡時，美國舉國哀慟，為他舉行國葬，無數美國人自發地參加送葬隊伍，場面備極哀榮，在美國歷史上是極為罕見的。

比馬糞更臭的是豬糞

理查・米爾豪斯・尼克森

理查・米爾豪斯・尼克森（Richard Milhous Nixon），美國第三十七任總統（一九六八—一九七四）。

尼克森於一九一三年一月九日出生於美國加利福尼亞州洛杉磯附近的約巴林達鎮。愛爾蘭後裔。

一九五二年，他作為艾森豪的競選夥伴，當選為美國副總統。一九五八年他再度當選為美國副總統。一九五九年在競選總統中以些微票距被約翰・甘迺迪擊敗。一九六八年他擊敗民主黨人韓弗理和獨立競選人華萊士，當選為美國第四十六屆（第三十七任）總統。一九七二年一月連任第四十七屆總統。一九七四年八月因「水門事件」被迫辭去總統職務。一九九四年四月二十二日在紐約康乃爾醫療中心逝世，享年八十一歲。

尼克森於一九七二年二月首次訪華，成為訪問中國的第一位美國總統。訪華期間中、美兩國政府發表了著名的《上海公報》。尼克森為打開中美關係大門並為改善和發展中美兩國關係做出貢獻。

一九五九年，美國國會通過了一項有關被奴役國家的決議，其中對前蘇聯和東歐進行了攻擊，從而加深了東西方的對立情緒。

之後不久，美國副總統訪問前蘇聯，與赫魯雪夫會晤時，這位農民出身的前蘇聯共產黨總書記對美國的那項決議耿耿於懷，一開口便發出責難：「我不理解，你們國家是怎麼了，在這麼重要的國事訪問前夕，通過那種決議真是臭極了，你們的國會像馬圈，該死的決議像馬糞，沒有比馬圈裡的馬糞更臭的了。」

「有，是豬圈裡的豬糞！」尼克森漫不經心地說。（其實誰都知道赫魯雪夫小時候養過豬）。赫魯雪夫一聽，只好皮笑肉不笑地應承。尼克森卻裝作什麼也沒發生似的。這回交鋒，尼克森是贏家。

國與國的外事交往，提出抗議是司空見慣的，但要講求最起碼的禮貌。像赫魯雪夫這樣魯莽地謾罵只會降低自己的身分，讓人瞧不起。

但若真要遇見這樣粗俗的傢伙，外交官們往往不知如何是好，簡單的沉默即被視作忍氣吞聲的懦弱。尼克森的反擊巧妙：你明罵，我就暗罵，你說我們臭，我罵你是豬糞，比我們更臭。這種不露骨的暗罵往往最具殺傷力，讓大家心裡有數就行了，不必指名道姓。罵完之後，尼克森好像沒事人一樣，裝傻充愣地談笑風生，似乎他並不知道赫魯雪夫養過豬，不知者無罪嘛！而且他連一個「罵」字也沒說，真是夠精明的！

我要到國會去

亞伯拉罕・林肯

亞伯拉罕・林肯，美國歷史上最偉大的總統之一。

林肯一八〇九年二月十二日出生在肯塔基州哈丁縣一個伐木工人的家庭，迫於生計，他先後做過店員、村郵務員、測量員和劈柵欄木條等多種工作。一八三四年，他當選為伊利諾州議員，才開始了他的政治生涯。一八六〇年他當選為總統。一八六一年，南部七個州的代表脫離聯邦，宣布獨立，自組「南部聯盟」，並於四月十二日開始向聯邦軍隊發起攻擊，南北內戰爆發初期，聯邦軍隊一再失利。一八六二年九月二十二日，林肯宣布了親自起草的、具有偉大歷史意義的文獻——《解放黑奴宣言》草案（即後來的《解放宣言》），從此戰爭形勢才開始發生了明顯的變化，北部軍隊很快地由防禦轉入了進攻，一八六五年終於獲得了徹底的勝利。

此時，林肯在美國人民中的聲望已愈來愈高了，一八六四年，林肯再度當選為總統。但不幸的是，一八六五年四月十四日晚，他在華盛頓福特劇院觀看戲劇時突然遭到槍擊，次日清晨與世長辭。

曾有人高度評價林肯說，他是一個「不會被困難所嚇倒，不會為成功所迷惑的人，他不屈不撓地邁向自己的偉大目標而從不輕舉妄動，他穩步向前而從不倒退……總之，他是一位達到了偉大境界而仍然保持自己優良品質的罕見人物」。

一八四三年，林肯作為伊利諾州共和黨的候選人，與民主黨的卡特・賴特競選該州在國會的眾議員席位。

卡特是個有名的牧師，為了戰勝林肯，他大肆攻擊林肯不承認耶穌，甚至誣衊過林肯是「私生子」等，搞得滿城風雨，致使林肯在選民中的威信有所下降。

林肯決心挫敗對手。有一次，機會終於來了。林肯獲悉卡特又要在某教堂作佈道演講，於是就按時走進教堂，坐在了最顯眼的位置上。卡特一上講台便看見了林肯，他也認為好機會來了，讓林肯當眾出醜的時候到了。

當演講進入高潮時，卡特突然對聽眾們說：「願意把心獻給上帝，想進天堂的人請站起來！」

除林肯之外，所有的人全站了起來。

「請坐下！」卡特稍事祈禱後，又說：「所有不願下地獄的人請站起來！」

除林肯之外，所有的人又全站了起來。

這正中卡特的下懷，於是他便用十分嚴肅的聲調說道：「我看到大家都願意把自己的心獻給上帝而進入天堂，唯獨有一個人例外，這個唯一例外的人就是大名鼎鼎的林肯先生，他兩次都沒有做出反應。請問林肯先生，您到底要到哪裡去？」

林肯平靜地站起來，不慌不忙地回答說：

「我是以一個恭順聽眾的身分來這兒的，卡特教友單獨點了我的名，我感到非常榮幸。卡特先生直截了當地問我要到哪裡去，我願用同樣坦率的話回答他：我要到國會去！」

林肯的回答立即引起了全場熱烈的掌聲。這一年，林肯當選為美國國會議員。

卡特．賴特是牧師，他的優勢在佈道，引導教眾接近上帝，進入神聖而又純潔的精神世界。可是林肯要競選國會議員，他不但強調自己進入國會的決心，而且他還抓住時機提醒民眾，卡特也在競選議員，他把大家從虛無空間中引回現實世界。林肯的言下之意是：「我要進入國會，必須先成為國會議員，言行一致。但是，卡特在撒謊，他是牧師，該上天堂的人卻一心只想進入國會。」

沒人願意出醜，假使人家故意讓你出醜，那你也只好以其人之道還治其人之身了。

敵人不准超過三千人

喬治・華盛頓

喬治・華盛頓（一七三二－一七九九），美利堅合眾國締造者，美國第一任總統。被尊稱為「國父」。

華盛頓出身於種植園主家庭。十六歲開始獨立謀生，二十一歲，他以大莊園主的身分，擔任了維吉尼亞民兵少校副官長，開始了他的軍人生涯。當第二次大陸代表大會於一七七五年五月在費城召開時，華盛頓作為維吉尼亞代表之一，被選舉為大陸軍隊的總司令。一七八一年在法國的幫助下，他強迫康沃利斯在約克城投降，為美國獨立和統一立下了不朽的功勳，是美國的開國元勳。一七八九年四月，華盛頓被選為美國第一任總統。

美國剛剛建國時，國家安全仍受英國等強國的威脅，鑑於此，總統向參議院提議，組建一支有幾萬人的常備軍，保衛國家。

參議院召開議會討論，鑑於國家剛成立不久，國庫尚不豐厚，有一些議員反對總統的提議，但另一些議員支持總統，雙方各持己見，吵得不可開交，最終兩派達成協定：為節省開支，常規部隊不得超過五千人。

華盛頓總統立即贊同：「這個協議很好，不過要補充一條，就是任何侵略美國的軍隊，人數不准超過三千人。」一併提交參議院表決。

看到總統的批示，參議院一致通過，「美國組建常備軍，人數：五千人，並可根據形勢，適時擴大。」

歷史證明了華盛頓的政治遠見。美國成立後沒幾年，英國殖民者又找到藉口干預美洲事務，侵略美國。在美國強大的常備軍頑強阻擊下，倉皇退卻。

華盛頓是一個很講究辯論方法的辯論者。應對紛亂的吵鬧，不強求，亦不妥協，他的批示看似順水人情，實則相反，溫柔地給了那幫鼠目寸光的議員們一記「狠狠的耳光」。國家安全非同兒戲，議員們有權力限制本國軍隊的規模，以圖節省軍費，卻無論如何也限制不了敵人的力量，侵略者可能看在美軍只有五千人份上只派出三千人前來作戰嗎？

有道是，真理不辯不明。但要如何爭辯才能令對方接受，便需要琢磨了。靠針尖對麥芒、靠有理走遍天下的生硬強辯是不會讓人心服口服的。

最值得慶幸的是，做賊的是他，而不是我

希奧多爾・羅斯福

希奧多爾・羅斯福，一八五八年十月二十七日在美國紐約出生，一八九七年任助理海軍部長，一八九八年在美西戰爭中指揮拉夫河戰役，同年當選紐約州州長，一九〇〇年當選美國副總統。麥金萊總統遇刺後，他接任總統一職。一九〇四年當選美國總統，並開始了興建巴拿馬運河工程，一九〇六年獲諾貝爾和平獎，一九一二年競選美國總統連任失敗，一九一九年在睡眠中安詳去世。

全美聞名的拉什莫爾山聳立在南達科他州巴登蘭以西不遠的地方，山上雕刻著美國四位著名總統的巨大頭像。從左至右，這四位總統分別是：開國元勳華盛頓、《獨立宣言》的起草者傑佛遜、奠定二十世紀美國之基礎的希奧多爾・羅斯福和解放黑奴的領導者林肯。

這四尊巨人頭像與山峰渾然一體，十分壯觀，遊人來此無不肅然起敬。石像的面部高達十八公尺，僅鼻子長就有六公尺。華盛頓像是一座胸像，肩部與胸部巧妙地依山形雕出。其餘三人都是頭像，希奧多爾‧羅斯福和林肯的像只雕刻了面部。因此四人的肖像十分突出，他們的表情都嚴肅而莊重。那緊閉著的嘴唇、凝視著遠方的眼睛，唯妙唯肖，頗為傳神。同時四人又各具特色，顯示出不同的性格和特徵，可謂栩栩如生，音容宛在。

為了表示對四位總統的崇敬之情，拉什莫爾山禁止遊人攀登。在山腳下設有觀瞻中心，上午陽光灑滿山峰是瞻仰巨像的最好時機，每年六月，這裡還備有照明設備，即使在夜間也能真切地欣賞這一藝術傑作。

有一次，希奧多爾‧羅斯福家中失竊被偷去不少值錢的東西。他的朋友寫信安慰他，他給朋友回信說：

「謝謝你來信安慰我，我現在很平安。感謝上帝，因為：第一，賊偷去的是我的東西，而沒有傷害我的生命；第二，賊只偷去我部分東西，而不是全部；第三，最值得慶幸的是：做賊的是他，而不是我。」

好一個慶幸：做賊的是他而不是我！

按常理講羅斯福應該譴責盜賊的不道德，可是這樣也是於事無補，但羅斯福慶幸，是別人扮演了一個不光彩的角色。人生不如意事十之八九，面對淒風苦雨的侵襲，惡劣的環境中，對待生活都應該有一顆感恩而知足的心。說得多好啊！

羅斯福之所以為羅斯福，也正是基於此。你看他多麼善於從光明的角度看待問題，從不幸中看到「萬幸」。

對任何人來說，失竊都是件不幸的事，而羅斯福卻找出三種感恩的理由。學會感恩在當今社會太有必要了。知足自身現狀，鼓勵自己樂觀生活，沒有包袱輕裝上陣，笑迎充滿希望的明天，工作起來效率將更高，心情將更好。在現實生活中，我們常自認為怎麼樣才是最好的，但往往會事與願違，使我們不能平靜。我們必須相信：目前我們所擁有的，不論順境、逆境，都是對我們最好的安排。若能如此，我們才能在順境中心存感恩，在逆境中依舊心存喜樂。

由不得我，是日本人炸沉了我們的船艦

富蘭克林・羅斯福

富蘭克林・羅斯福（一八九二—一九四五），美國第三十二任總統（一九三三—一九四五），美國歷史上唯一一位殘疾人總統，他打破了美國總統不能連任兩屆以上的慣例，連續四屆擔任美國總統，樹立了一個堅忍、機智、奮鬥不息的形象，創造了美國空前絕後的紀錄，總統任期長達十二年。

富蘭克林・羅斯福執政期間對於真正意義上現代美國社會的出現，功不可沒。他是一位精明的政治家，不論在和平時期還是在戰爭年代，他都能使自己立於不敗之地。在美國，他把美國人民從苦難和經濟大蕭條中拯救出來，建立了福利國家模式；在第二次世界大戰中，他把奉行孤立主義的美國變成了世界大聯盟的領導者。由於他的提倡和支持，世界上才有了聯合國。羅斯福在第二次世界大戰中發揮了巨大作用，在美國歷史上，羅斯福總統是一位可

圈可點的最傑出的總統之一。一九五〇年哈佛大學在一次問卷中調查：

美國歷史上哪幾位總統最傑出？

羅斯福排名第三，僅次於林肯、華盛頓之後。

有人曾經問他是如何在第二次世界大戰中成為英雄的。

「由不得我，」他回答說，「是日本人炸沉了我們的船艦。」

他在第二任總統期間，第二次世界大戰爆發了，受國內孤立主義影響，美國起初並沒有參戰，但是，一九四一年十二月七日，日本海軍航空母艦機動部隊還是對美國海軍太平洋艦隊基地珍珠港實施了戰略突襲。

珍珠港是美國在太平洋上的主要海軍基地，位於夏威夷群島歐胡島南端，東距美國舊金山二千零九十海里，西距日本橫濱三千四百海里，是美國通往亞洲和澳洲的交通樞紐。港內水深十六—二十公尺。該基地設施完備，並有大型修船廠和油庫等。為遏制日本軍國主義擴張，美國太平洋艦隊自一九四〇年夏季開始就以珍珠港為基地活動於太平洋上。

第二次世界大戰爆發後，隨著歐洲戰局的發展和《德義日三國同盟條約》的簽訂，日本為奪取美、英、荷在東南亞和西南太平洋的殖民地，加速南進的戰爭準備。一九四一年初，日本聯合艦隊總司令山本五十六海軍上將擬定了襲擊珍珠港的計畫，後得到海軍軍令部批准並由御前會議最後定下決心。

襲擊珍珠港是日本發動太平洋戰爭戰略計畫的重要部分。其企圖是：以突然襲擊摧毀美國太平洋艦隊，奪取制海制空權，以消除其對日本南進的威脅。

美國受孤立主義影響，且推行「先歐後亞」的戰略，因而希望透過談判緩解美、日矛盾，並認為本國國力雄厚，日方不敢貿然發動戰爭。

歐胡島駐軍低估日本海軍遠洋作戰能力，缺乏警惕，疏於戒備，儘管美、日關係日趨緊張，仍照例週末放假。美軍太平洋艦隊則認為珍珠港水淺，日軍不可能從空中實施魚雷攻擊，因而大型艦船未設置防魚雷網。

一九四一年十一月中旬，日本先遣部隊偽裝日常巡邏，分別由佐伯灣和橫須賀等地出發，沿中航線和南航線駛向夏威夷。十一月二十六日，機動部隊從千島群島的擇捉島單冠灣起航，沿北航線駛向歐胡島，航渡中實行無線電傳導。

十二月七日四時三十分（當地時間），機動部隊在歐胡島以北約兩百三十海里海域展開。此時，特種潛艇已在珍珠港附近活動。五時三十分，機動部隊出動兩架水上飛機對歐胡島及其附近海面偵察，發現港內船艦密集，島上各機場飛機成排，高砲陣地只有少數人值勤，艦艇沒有防空準備。六時，日軍第一波飛機一百八十三架（四十架魚雷機、五十一架俯衝轟炸機、四十九架水平轟炸機和四十三架戰鬥機）起飛，從歐胡島西部進入，七時五十五分開始發動攻擊。

從三時五十五分起，美軍曾多次發現日本潛艇逼近，但未採取任何防範措施；七時後，發現大批飛機抵臨，又誤認為是己方飛機，未予重視。七時十五分，日軍第二波飛機一百七十一架（五十四架水雷轟炸機、八十一架俯衝轟炸機和三十六架戰鬥機）起飛，從歐胡島東部進入，八時五十五分開始攻擊。整個襲擊持續約兩小時，只遇到輕微抵抗。

日軍以損失飛機二十九架、潛艇一艘和特種潛艇五艘的微小代價，擊毀、擊傷美國太平洋艦隊停泊在港內的全部八艘戰列艦和十餘艘其他主要艦隻，擊毀美機兩百三十二架，擊傷美軍三千六百八十一人，美國太平洋艦隊受到重創，從而在太平洋上掌握了制海、制空權，為進攻菲律賓、馬來西亞和荷屬東印度創造了有利條件。

珍珠港事件發生後，羅斯福總統立即對日宣戰，全世界反法西斯力量大大增強，羅斯福總統也成為了領導美國人民贏得戰爭的英雄人物。

正所謂「時勢造英雄」，並不是人創造歷史，而是歷史創造人，羅斯福的話正說明了這個道理。

我當時就坐在你現在坐的那個位置上

赫魯雪夫

赫魯雪夫（一八九四－一九七一），前蘇共中央第一書記、前蘇聯最高領導人。史達林之後，赫魯雪夫著手對前蘇聯的內外政策進行調整，經濟方面，他在堅持高速優先發展重工業方針的同時，開始對經濟管理體制，特別是農業管理體制進行改革，如精簡機構、下放企業，給地方更多的企業經營權、改革農業計畫制度和農畜產品義務交售制；政治方面，批判個人崇拜，平反冤假錯案，對文藝領域實行「解凍」；在外交上，他一度宣揚與美國和北約和平共處，一九五九年曾經出訪美國，與美國總統艾森豪會晤。一九六〇年，美國間諜飛機U－二在前蘇聯上空被擊落；接著，又出現了因前蘇聯在古巴部署導彈引發的危機，兩國關係緊張起來。同時，蘇、中關係破裂。一九六四年，被布里茲涅夫等人趕下台。從此他深居簡出，直到一九七一年九月十一日因心臟病發作去世。

一九五六年，在前蘇共第二十次代表大會上，赫魯雪夫作了「秘密報告」，揭露、批評了史達林肅反擴大等一連串錯誤，引起了本國和世界各國的強烈回響。

由於赫魯雪夫曾經是史達林非常信任和器重的人，他批評史達林後，很多前蘇聯人都懷有疑問：既然你早就認識到了史達林的錯誤，那麼你為什麼早先從來沒有提出過不同意見？你有沒有參與這些錯誤行動？

有一次，在黨的代表大會上，赫魯雪夫再次批判史達林的錯誤，這時，有人從聽眾席上遞來一張條子。赫魯雪夫打開一看，上面寫著：「那時候你在哪裡？」

這是一個非常尖銳的問題，赫魯雪夫的臉上很難堪。他很難做出回答。但他又不能迴避這個問題，更無法隱瞞這個條子，他也知道，許多人有著同樣的問題。更何況，此刻台下成千雙眼睛已盯著他手裡的那張紙，等著他念出來。

赫魯雪夫沉思了片刻，拿起條子，大聲念了一遍紙條上的內容。然後望著台下，大聲喊道：「誰寫的這張條子。請你馬上站起來，走上台。」

沒有人站起來，所有的人心怦怦地跳，不知赫魯雪夫要做什麼。寫紙條的人更是忐忑不安，心裡後悔剛才的舉動，想著一旦被查出來會有什麼結局。

赫魯雪夫又重複了一遍他的話。全場仍是一片死寂，大家都等著赫魯雪夫的爆發。

幾分鐘過去了。赫魯雪夫平靜地說：「好吧，我告訴你，我當時就坐在你現在坐的那個位置上。」

赫魯雪夫巧妙地即席創造出一個場面，藉這個眾人皆知其含義的場景來婉轉、含蓄地隱喻出自己的答案。這種回答既不失自己的威望，也不讓聽眾覺得他在文過飾非。

有些公開場合，因為以前你曾經犯過的錯，有人或別有用心或不明就裡，當面質問你的不光彩歷史，揭你的瘡疤。如果你去直接解釋，大概沒多少人會原諒你，況且在自己的錯誤上糾纏更會愈弄愈糟。這時你可用比喻、暗示等方法，讓大家為你設身處地體會你當時犯錯的情景。這種巧設情景的圓場之所以很奏效，是因為能讓人真正地體驗，從而即時醒悟他的質問所存在的強人所難的苛刻之處。

夕陽中的彩霞——老夫老妻

戴高樂

戴高樂（Charles-Andre-Marie-Josephde Gaulle，一八九〇—一九七〇），法國政治家、法蘭西第五共和國總統（一九五九—一九六九）。

戴高樂一八九〇年十一月二十二日生於里爾一教師家庭。一九一二年畢業於聖西爾軍校。參加過第一次世界大戰，一九一六年在凡爾登戰役中受傷被俘。一九二〇—一九二一年任法國駐波蘭軍事代表團成員，回國後在聖西爾軍校講授軍事史。一九二四年畢業於法國軍事學院。一九三二—一九三七年任職於最高國防委員會秘書處。其間發表軍事著作，反對消極防禦戰略，大力宣導坦克戰，但這些主張未被當局採納。

第二次世界大戰爆發時，任坦克旅旅長。一九四〇年五月升為第四裝甲師師長，在前線積極阻擊德軍。六月五日，擢升國防部副部長，從此由軍界進入政界。六月十八日在倫敦英國廣播電台發表著名的「六・十八號召」，呼籲法國人民在其領導下繼續抗戰。在倫敦他領導「自由法蘭西」（一九四二年改稱「戰鬥法蘭西」）運動，並逐漸建立起法國部隊，引起國際上的重視。一九四一－一九四四年先後組織和領導法蘭西民族委員會、法蘭西民族解放委員會、法蘭西共和國臨時政府，團結國內外抵抗力量，與盟國一起作戰，為爭取反法西斯戰爭的勝利貢獻卓著。一九四四年六月出任臨時政府主席。由於在國家體制和憲法等問題上與三個政黨組成的左翼政府意見分歧，於一九四六年一月主動辭職。一九四七年組織法蘭西人民聯盟，自任主席。一九五三年宣布退出政壇，隱居鄉間，從事著述。

一九五八年六月一日在法國陷入由阿爾及利亞殖民戰爭觸發的嚴重政治危機的緊急時刻，出任第四共和國末任總理。十二月二十一日當選總統。提出新憲法草案，主張削弱議會權力，降低總理和內閣作用，擴大總統許可權。第五共和國憲法於九月通過，一九五九年一月正式付諸實施。自此法國從資產階級議會制國家改變為半總統制國家。一九六五年戴高樂再度當選。任職期間結束了阿爾及利亞戰爭，一九六二年承認阿爾及利亞獨立，接著完成整個法蘭西帝國的非殖民化。對外奉行獨立自主的外交政策，反對大國控制，加強與聯邦德國的關係，積極推動西歐聯合。利用歐洲經濟共同體為國謀利，反對超國家歐洲，主張歐洲邦聯制。堅持發展法國獨立核武力量，拒絕美國提出的多邊核武力量計畫，抵制美蘇簽訂的《部分禁止核子試驗條約》，一九六六年法國退出北大西洋公約組織，但仍保留為大西洋聯盟的成員。戴高樂政府對內大力發展本國尖端技術和新興工業，實現工、農業現代化。一九六八年五月巴黎大學生上街遊行，得到各界支持，釀成「五月風暴」，戴高樂一度出走。一九六九年四月由於在兩項關於社會改革提案的公民投票中受挫，他宣布辭職，後專心撰寫回憶錄。一九七〇年十一月九日在科龍貝雙教堂村病逝。著有《建立一支職業軍》（一九三四）、《法國和她的軍隊》（一九三八）、《戰爭回憶錄》（一九五四－一九五九）、《希望回憶錄》（一九七〇）等。

平時戴高樂下班後，喜歡出去散散步。有一天，他與一位朋友在公園裡散步。當那位朋友看到一對依偎在一起的情侶時，十分感嘆他說：「還有什麼比一對青年男女更美好的呢！」

戴高樂安詳地答道：「有，老夫老妻。」

「生死契闊，與子成說。執子之手，與子偕老。」

這是一種古老而堅定的承諾，亦是浪漫而美麗的傳說。執手千山萬水驟然縮短，執手恩怨情仇悠然消散，執手淚眼不忍相看，執手相思，相思難眠。執子之手，與子偕老。這該是一幅兩個人同撐起一方天空的風景，像兩棵獨立的大樹，共同撐起一方天空，枝葉在藍天下盛放，樹根在地底下相互扶持。風也罷霜也罷，雨也罷雪也罷，執子之手，每一刻都是如此的美好，每一刻都是一首動人的情詩，每一刻都值得用所有的時光去回味。

別人的我不要，自己的誰也不給

鐵托

鐵托（Josip Broz Tito，一八九二—一九八〇），前南斯拉夫黨政最高領導人、共和國締造者。鐵托生於克羅地亞庫姆羅韋茨一個貧農家庭。早年當鐵匠學徒。

一九一〇年加入社會民主黨。第一次世界大戰時在奧匈帝國軍隊服役，被俘後在俄國參加十月革命。一九一九年加入俄共產黨。一九二〇年回國加入南共，從事工人運動。一九二八年任克羅地亞和斯洛伐尼亞省委書記，曾被捕監禁五年。獲釋後，化名「鐵托」。一九三四年當選中央委員和政治局委員。一九三五年化名「華爾特」赴蘇任共產國際中央書記。一九三七年共產國際指定其赴巴黎任南共中央總書記，不久回國。一九四一年七月領導反法西斯侵略的武裝戰爭，先後任游擊隊總司令部最高統帥、民族解放委員會主席。一九四四年率軍解放貝爾格勒。一九四五年三月任政府總理兼國防部長，一九四八年抵制情報局決議，南共改名為南共聯盟，任總書記（一九五二）、共和國總統兼武裝部隊最高統帥（一九五三）。任內把馬列主義原理與本國具體情況相結合，制訂了社會主義自治路線和不結盟的對外政策，取得卓越成效。一九六三年憲法規定其為終身總統，一九七四年又被定為黨的終身主席。

第二次世界大戰結束後不久，南斯拉夫成了緊隨前蘇聯之後在歐洲出現的唯一的社會主義國家，鐵托自然也就成了史達林在東歐國家領導人中最得力、最可靠的盟友。

一九四七年九月，在鐵托等人的建議下，前蘇聯結合歐洲九國共產黨和工人黨成立了一個情報局，其總部就設在南斯拉夫的首都貝爾格勒。由此可以想像當年史達林對鐵托是相當器重的。然而，在冷戰不斷加劇的背景下，南斯拉夫愈來愈明顯的獨立傾向遭到了史達林的猜忌。

一九四八年初，史達林與鐵托之間發生了嚴重分歧，並最終導致蘇、南兩國在政治和外交上的公開衝突。當年六月，史達林將南斯拉夫開除出九國共產黨和工人黨情報局，指責鐵托「背離了馬克思、列寧主義的路線」。此後，蘇、南關係繼續惡化。到一九四九年十二月，情報局乾脆宣布鐵托等南斯拉夫領導人是帝國主義的「間諜」、「特務」和「十惡不赦的殺人犯」。史達林開始號召和鼓勵南斯拉夫黨內的「健康力量」起來，取鐵托而代之，但由於鐵托在南斯拉夫的威望和地位而未能如願以償。

蘇、南分裂以後，南斯拉夫面臨的處境極為艱難。為了徹底孤立南斯拉夫，史達林首先決定切斷南斯拉夫與所有東歐共產黨的聯繫。為此，聯共一方面在一九四八年六月的情報局會議上組織了對南共的批判，一方面準備揭露東歐各黨中存在的親南傾向和民族主義情緒，以此威懾各黨領導人，消除南斯拉夫的影響。

最令鐵托頭痛的是莫斯科實行的經濟封鎖。

戰爭結束後，南斯拉夫立即集中全力於經濟恢復工作，到一九四七年，已經達到戰前水準。隨後，鐵托便開始仿照前蘇聯模式在南斯拉夫推行了雄心勃勃的第一個五年計畫。然而，這一計畫的實現完全倚賴於從前蘇聯、東歐各國輸入大量的生產物資，特別是採礦設備和工業設備。

當時南斯拉夫的進口物資大約有五十％來自於包括前蘇聯在內的東方集團國家，而某些主要商品的依賴性還要大得多，如全部煤和焦炭，八十％的生鐵和肥料，六十％的石油產品，以及實際上全部的特種機械、鋼管、鐵路車輛和機車，都需要從蘇聯及其衛星國進口。

在這種情況下，前蘇聯主導的經濟封鎖對南斯拉夫來說就意味著災難。

情報局會議以後，前蘇聯和其他東歐國家撕毀契約、壓縮貿易，對於已經簽訂契約，甚至已經付了款的極為需要的製造品、工業品和原料也拒不交貨。當年，莫斯科就廢除了與南斯拉夫的主要商品協定，並宣布把蘇聯和南斯拉夫的貿易削減八分之七。一九四九年一月前蘇聯成立了歐洲經濟互助委員會，其宗旨除了對抗馬歇爾計畫，就是對南斯拉夫實行禁運。以前蘇聯、捷克斯洛伐克和匈牙利答應的投資貸款只實現了六點三%，與前蘇聯商定的六十七點五億的貸款只實現了〇點六%。到一九四九年四月，南斯拉夫與蘇聯、匈牙利、阿爾巴尼亞的全部貿易已處於停頓狀態，與波蘭的貿易量則減少到以前的三分之一。在米高揚訪問布拉格之後，捷克斯洛伐克也於六月十一日宣布停止向南運送貨物。如此，南斯拉夫被迫宣布延期實現第一個五年計畫。經濟封鎖給南斯拉夫造成的直接經濟損失高達四點二九億美元

與此同時，由於國家安全和領土完整受到威脅，南斯拉夫的國防開支迅速增加。一九四六年和一九四七年的軍費開支平均每年為三點一億美元，一九四八年增加到四點三八億，一九四九年增加到五點二八億，以後幾年平均為六點六五億美元。國防費用在國民收入中所佔的百分比，一九四九年為十點二%，一九五二年即增長到二十一點五%。居民生活水準因此而受到嚴重影響。

至一九五二年，南斯拉夫個人消費比一九四八年降低了十四%，已經下降到戰後的最低水準。看起來鐵托的統治的確面臨險惡，前途未卜。情報局的決議公布以後，西方媒體紛紛預測，在前蘇聯的壓力下，鐵托政權將無法支撐下去。

然而，正是在這種情況下，鐵托說出了那句著名的話：

「別人的我不要，自己的誰也不給。」

鐵托不僅堅持了下來，而且帶領南共開闢了一條發展社會主義的獨立道路。

在這個世界上，每個人都有屬於自己的東西，也有不屬於自己的東西。別人的我不要，自己的誰也不給！該是自己的就是自己的，該是別人的搶也搶不來。

伊拉克的任何一間房間

薩達姆・海珊

薩達姆・海珊（Saddam Hussein），伊拉克前總統。

海珊一九三七年四月二十八日生於薩拉赫丁省提凱瑞特的一個農民家庭。他自幼喪父，靠叔父撫養成人。曾就讀於開羅大學和巴格達的穆斯坦西里亞大學。

海珊十八歲就積極投身政治運動，二十歲加入阿拉伯復興社會黨，並很快躋身復興社會黨領導人之列。一九五九年因參與行刺執政的阿卜杜勒・卡里姆・卡塞姆將軍被判刑。

一九六〇年二月，海珊前往埃及，在開羅大學攻讀法律。一九六二年任復興黨開羅支部領導，一九六三年革命後返回伊拉克。此後，成為復興黨第四屆地區代表大會和第六屆全國代表大會委員。

一九六三年復興黨政權被推翻後，成為該黨地區領導成員。一九六四年成為在敘利亞舉行的第七屆全國代表大會委員。同年，由於密謀推翻阿卜杜勒・薩拉姆・阿里夫而被捕。一九六五年當選復興黨第八屆全國代表大會領導成員，當時他仍在押。一九六六年任復興黨地區領導副書記，一九七九年後任書記。一九六八年七月復興黨再次發動政變執政，他於同年十一月出任革命指揮委員會副主席，成為伊拉克名副其實的第二把交椅。

一九七六年一月晉升為上將。一九七九年七月，時任伊拉克總統的貝克爾因病辭職，海珊順利登上總統寶座，同時他還擔任伊拉克革命指揮委員會主席、總理和阿拉伯復興社會黨地區領導機構總書記的職務，集黨政軍大權於一身。自就任總統以來，海珊在政壇上縱橫捭闔，歷經戰火，並始終牢牢地控制著政權。上任後不久，海珊曾利用伊拉克鉅額石油收入，加速國內經濟建設。但一九八〇年爆發的歷時八年的兩伊戰爭使伊拉克經濟遭受重創。一九九〇年，伊拉克入侵科威特而引發波灣戰爭，聯合國隨即對其採取了包括武器核查在內的全面制裁，使伊拉克經濟雪上加霜。

一九九五年七月，海珊在阿拉伯復興社會黨第十一屆代表大會上再次當選總書記，但他拒絕了大會提出的任該黨終生總書記的動議。一九九五年十月十五日伊拉克全民公決揭曉，海珊連任總統，十月十七日宣誓就職。二〇〇一年五月再次當選為阿拉伯復興社會黨地區領導機構總書記。二〇〇二年十月十五日，海珊在全民公決中贏得了百分之百的支持率，再次獲得七年的總統任期。

二〇〇三年三月二十日，美、英藉口伊拉克仍在研製或已經擁有大規模殺傷性核武器，對伊拉克實施軍事打擊，伊拉克戰爭爆發。四月九日，美軍佔領伊拉克首都巴格達，海珊政權垮台。同年七月二十二日，他的兩個兒子烏代和庫賽被美軍打死。十二月十三日，一直下落不明的海珊在其家鄉提凱瑞特被美軍生擒。此後，海珊一直被關押在伊拉克的一座秘密監獄中。二〇〇四年一月，美國宣布海珊為戰俘。同年六月三十日，巴格達的一名外交官說，海珊和十一名伊拉克前政權高官已於當天被移交給伊拉克臨時政府。

二〇〇五年六月，伊拉克過渡政府總理賈法里的發言人稱，海珊將面臨多達五百項的指控，但他僅將就其中十二項「證據確鑿」的控訴接受審訊。九月，伊拉克政府發言人說，對海珊的審判將於十月十九日開始，七名前政權的官員也將同時受審。伊拉克總統塔拉巴尼表示海珊已供認自己的罪行。

二〇〇五年十月十九日，海珊在被駐伊美軍關押六百七十天後，在巴格達戒備森嚴的「綠區」內「第一法庭」上出庭受審。在審判法庭上，海珊把它當成了表演的舞台。在法官詢問他的家庭住址時，海珊豪氣萬千地說：「伊拉克的任何一間房間。」

海珊以此來表示他是伊拉克領導者的身分。他的功過且待蓋棺論定，但這句話還是表現出了這個末路梟雄的霸氣。

布希政府是當今世界最大的不穩定製造者

烏戈・拉斐爾・查維斯・弗里亞斯

烏戈・拉斐爾・查維斯・弗里亞斯，委內瑞拉總統。

查維斯一九五四年七月二十八日出生於委內瑞拉西部小鎮薩瓦內塔。一九七五年，他從委內瑞拉軍事學院畢業，並獲陸軍工程軍事科學和藝術碩士學位。一九八九年至一九九〇年，他就讀於西蒙・玻利瓦爾省大學，專攻政治學。查維斯一九八二年發起「玻利瓦爾省革命運動」，主張建立玻利瓦爾省宣導的「拉美國家聯盟」。一九九一年，他在委內瑞拉軍隊中任空降營中校營長。一九九二年，他發動了旨在推翻安德列斯・佩雷斯總統的「二・四」軍人政變。政變失敗後，他被捕入獄，兩年後獲釋。一九九八年一月，查維斯發起「第五共和國運動」，一九九八年十二月六日，他作為競選聯盟「愛國中心」的總統候選人參加大選並獲勝。一九九九年二月二日，宣誓就任總統。

二〇〇〇年七月三十日，查維斯在根據新憲法重新舉行的大選中再次當選總統，並於八月十九日就職，任期六年。

二〇〇二年四月十一日，委內瑞拉部分軍人發動政變，罷黜了查維斯的總統職務，並組成以佩德羅・卡莫納為臨時總統的新政府。四月十四日，在阿列塔少將的支持下，查維斯重新掌握了政權。

在美國發動對伊戰爭後，查維斯這樣說道：「列寧曾經說過，帝國主義是資本主義的最高階段，而我不得不補充，布希主義是帝國主義的最高階段。」

其實，查維斯一直就是美國的「眼中釘」，「美國基督教聯盟」主席派特・羅伯遜在電視上公然主張，美國應該透過暗殺手段「除掉」委內瑞拉總統查維斯。這種要求除掉另一個國家元首的言論讓社會大眾一片譁然。

布希政府為此急忙澄清這不是美國政府的政策，只是其個人看法。儘管羅伯遜被迫就此道歉，但考慮到其和布希政府的密切關係，種種掩飾大有欲蓋彌彰的效果。

一九九九年查維斯上台後，推進所謂的「玻利瓦爾省革命」，關注底層民眾的疾苦，力圖剷除腐敗政治，謀求社會公義。查維斯的思想理念左翼色彩濃厚，他自己也曾毫不掩飾地說：「我是二十一世紀的社會主義者」。在意識形態層面，查維斯所信奉的政治理念明顯和極右保守的布希政府相左。查維斯反對全球化，並對外資石油公司提高稅收，這也影響了美國大石油公司在該國的利益。

不僅如此，查維斯推行獨立自主的外交政策，和美國唱反調。查維斯上任後，禁止美國緝毒飛機穿越委內瑞拉領空，委內瑞拉軍隊不再參加美軍舉行的軍事演習，並要求美軍代表團從委內瑞拉軍隊中撤出。與此形成對照的是，自上任以來，查維斯已訪問古巴十三次，兩國合作不斷擴大且深入。查維斯和卡斯楚打得火熱，這使得一直試圖封鎖和孤立古巴的美國十分惱火。此外，查維斯還加強了與伊朗、敘利亞和利比亞的往來，這使得華盛頓當局感到很不舒服。

美國致力於推進《美洲貿易協議》，但查維斯則認為該協議是美國從經濟層面謀求控制拉丁美洲的手段，轉而大力主張推進拉美地區一體化進程。

在美國看來，查維斯對拉美地區的左派和中間偏左政府給予石油、貿易和貸款方面的經濟援助，大力發展與周邊鄰國的關係，實質上是一種政治投資，目的就是擴大自身的影響，來和美國相抗衡。

在美國看來，查維斯的所作所為危害了美國的利益。早在二〇〇二年四月，美國就站在反查維斯陣線一邊，推波助瀾，試圖透過政變將查維斯趕下台。自此之後，美國和查維斯相互間的較量不斷升級，雙方關係更為惡化。

美國國務萊賴斯就曾公開指責查維斯政府是「本地區的負面力量」；而查維斯則抨擊布

希是「當今世界最大的不穩定製造者，是世界的威脅」。

一直以來，屢屢傳出美國試圖暗殺查維斯的傳聞，迫使委內瑞拉方面加強了對查維斯安全的防護。鑑於委內瑞拉和美國之間的緊張關係，查維斯政府開始加強委內瑞拉的國防力量。委內瑞拉從俄國和巴西等國購買了價值數億美元的軍火，但這遭到了美方的質疑和阻撓。美國指責委內瑞拉的人權狀況，將委內瑞拉列為「問題國家」。布希宣布將撥出更多的資金來支援委內瑞拉的反對黨或組織，以保衛委內瑞拉的民主。

面對美國的壓力，委內瑞拉以牙還牙。查維斯宣布終止與美國的軍事合作協定並趕走了在委內瑞拉的美國軍事教官。查維斯建議共同努力建設一個反對帝國主義統治的拉美聯盟陣線，矛頭直指美國。委內瑞拉政府還終止了與美國緝毒署的協議。

一直以來，美國都被認為是民主、自由的代表，現在卻被指作是「帝國主義」，看來美方確實應該好好檢討一下自身的所作所為了。

你把所有人都得罪了，也就誰都不得罪了

李金華

李金華，一九四三年七月生於江蘇如東，一九六五年六月加入中國共產黨，一九六六年九月參加組織工作。中央財政金融學院金融專業畢業，研究生學歷，高級審計師。一九六六年任西北財經學院教員；一九七一年起歷任航空工業部五七二廠會計員、財務組長、車間黨支部專職副書記、廠政治部副主任，一九八〇年任航空工業部五七二廠黨委副書記。一九八三年至一九八五年四月在中央學校學習。一九八五年五月至八月任陝西省經濟貿易廳廳長、黨組書記。一九八五年至一九九八年三月任審計署副審計長。一九九八年三月任審計署審計長、黨組書記。

近幾年，誰是中國政壇的風雲人物？

國家審計署審計長李金華肯定算一個！為什麼這樣肯定？

因為他掀起的「審計風暴」不僅揭露了堂堂「中央部委」種種損公肥私的醜行，更將中國財政制度、特別是權力運行的諸多缺陷公諸於眾，讓人們真切地感受腐敗到底嚴重到何種程度！同時，代表政府的李金華主動自曝政府強勢部門的家醜，也讓眾多關心中國反腐敗前景的人看到了一線曙光。

李金華受人關注是因為二〇〇三年六月他向全國人大提交的審計報告，他在報告中披露了財政部違反預算法問題、社會保險基金問題、國有資產流失問題，被媒體形容是掀起了一場「審計風暴」。

事實上，李金華擔任審計長後，審計署每年都查出多起大案要案，包括一九九八年清查糧食系統違規違紀問題；一九九九年水利部挪用鉅額資金以及三峽移民資金的擠佔挪用問題；二〇〇〇年審計十六個省區國債重點建設項目資金的使用問題等等。但當時這些審計結果多數還屬於「內部參考」，李金華的努力並不為公眾知曉。

胡錦濤、溫家寶等新一屆領導上台後，李金華的「鐵腕」似乎有了更大的用武之地。他掀起的「審計風暴」對中國政壇的震撼，無論是廣度還是深度都超過了以往。被他點名批評的單位不僅包括地方政府和金融機構，更包括國家發改委、財政部等重要部門。有消息指出，審計署接下來還要查中共中央辦公廳和國務院辦公廳的帳。

李金華的審計打破了中國官場上長期以來的「潛規則」。其實，李金華所揭露的種種醜行，像騙取、挪用、侵吞國家財政撥款等等，是中國現有財政以及政治制度的必然產物，也是官場上大家心照不宣的普遍現象。但既然高層允許審計署把矛頭指向由來已久的「潛規則」，說明高層決心從源頭上遏制當前愈反愈多的腐敗。

李金華的「鐵腕」博得了中國境內外媒體的一致好評。人們知道，揭露問題是解決問題的第一步。李金華的報告至少讓一些平日道貌岸然的政府部門在某種程度上現了原形，而輿論對司法跟進的強烈呼籲也使人們相信，那些捲入審計風暴的部門領導，今後的日子肯定不會好過。

李金華的查核工作必然得罪各方要員。不過，他並不在意個人的安危，而是擇善固執地堅堅持自己的主張。對國家部委的審計報告曝光後的各方反應，李金華在接受新華社記者採訪時如此解釋他的官場哲學：

「我不想離開這個位置，因為在這個位置上我能做很多事，坦白說，我是死豬不怕開水燙……我覺得，你把所有人都得罪了，也就誰都不得罪了。這就是辯證法。」

從此這個國家再也不必擔心會從地圖上被抹掉

布拉藻斯卡斯

布拉藻斯卡斯，立陶宛第十二任總理。

布拉藻斯卡斯一九三二年出生於羅基什基斯市一個立陶宛族人家庭，一九五六年畢業於立陶宛考納斯工學院並獲得水利工程建築師文憑。他曾在考納斯水電站和鋼筋混凝土結構廠工地工作，並擔任領導職務。一九六二年至一九六五年任立陶宛共和國國民經濟委員會建材工業管理局局長，一九六五年任建築材料工業部長，一九六七年任立陶宛共和國國家計畫委員會第一副主席，一九七四年獲經濟學博士學位。布拉藻斯卡斯一九七七年至一九七八年任立陶宛共產黨中央書記，一九八八年當選為立陶宛共產黨第一書記。一九八九年領導建立了獨立的立陶宛共產黨，並在立陶宛第一屆政府中任副總理。一九九〇年立陶宛共產黨改名為立陶宛勞動民主黨，同年十二月他當選為該黨的主席。一九九二年十一月當選為立陶宛議會主席，並任共和國代理總統，一九九三年二月當選為該立陶宛獨立後的首任總統，一九九八年二月任期屆滿卸任。二〇〇一年一月，立陶宛社會民主黨和勞動民主黨合併組成新的立陶宛社會民主黨，布拉藻斯卡斯當選為黨主席。七月，當選為立陶宛總理。

立陶宛共和國歷史悠久，在五世紀就出現了階級社會。一二四〇年成立的封建國家「立陶宛大公國」曾下轄現在的俄羅斯、白俄羅斯和烏克蘭的部分地區。後該公國逐漸衰弱，於十八世紀末被沙俄兼併。十月革命期間曾成立蘇維埃政權，後被德國佔領，在德國的扶持下成立了資產階級政府，於一九一八年二月十六日宣布獨立。

一九三九年，根據蘇德互不侵犯條約秘密議定書，重新劃歸前蘇聯勢力範圍，旋即蘇軍進駐。蘇德戰爭爆發後又被德國佔領。一九四四年蘇軍重佔，恢復蘇維埃政權，一九四六年七月成立立陶宛蘇維埃社會主義共和國，並加入前蘇聯。一九九〇年三月十一日立陶宛宣布恢復獨立，是前蘇聯最早宣布獨立的國家。一九九一年九月六日正式脫離前蘇聯獨立，並於九月十七日加入聯合國。

立陶宛的歷史是破碎的，曾被沙俄侵佔了一百年，然後被前蘇聯侵佔了五十年，此外還有十字軍團、法西斯德國、波蘭的入侵，數百年來，可以說是一部民族屈辱史。

獨立後，立陶宛奉行「融入西方，回歸歐洲」的外交政策，將加入北約和歐盟作為外交政策的優先目標。二〇〇四年立陶宛正式成為北約成員。北約的主要戰略是進行核武威懾，基本上是防禦戰略。它是一個軍事聯盟，北大西洋公約共十四條，其宗旨是締約國實行「集體防禦」，任何締約國和他國發生戰爭時，成員國必須給予幫助，包括使用武力。

對於立陶宛這樣一個小國家來說，加入北約可以說是其夢寐以求的目標。搭上了北約這條大船，立陶宛的安全便得到了保證，被大國兼併、強佔的悲劇也不會再重演了。難怪立陶宛總理布拉藻斯卡斯在加入北約後興奮地說：

「從此這個國家再也不必擔心會從地圖上被抹掉。」

常言道「樹大好乘涼」，布拉藻斯卡斯的興奮也不是沒有道理，誰叫這個世界是弱肉強食的呢！

幾小時候後，我們就都是美國前總統了

威廉・傑佛遜・柯林頓

威廉・傑佛遜・柯林頓（William Jefferson Clinton），美國前總統。

一九四六年八月十九日生於美國阿肯色州霍普鎮。一九六二年，他作為阿肯色州學生代表，赴首都華盛頓出席全國青少年團體代表大會，一九六四年高中畢業後考入喬治城大學，主修外交專業，曾擔任大學學生會主席並協助聯邦參議員威廉・富布賴特工作。

一九六八年，柯林頓大學畢業，獲國際政治學學士學位，並考取羅茲獎學金赴英國牛津大學進修。一九七〇年，他考入美國耶魯大學法學院，一九七三年畢業，獲法學博士學位，同年到阿肯色州州立大學擔任教授。

一九七六年，柯林頓出任阿肯色州司法部長，一九七八年至一九八〇年任阿肯色州州長，一九八二年至一九九二年又連續五次擔任州長。柯林頓任州長期間，在推動州教育改革和實施經濟發展計畫方面取得了很大的成就，被選為美國南部經濟發展政策委員會主席，兼任全美州長聯席會議主席，並曾協助總統主持國家最高教育當局的工作。一九九〇年，柯林頓被選為民主黨最高委員會主席。

一九九二年十一月三日，柯林頓當選美國總統，一九九六年十一月再次連任成功。二〇〇〇年一月卸任。

二〇〇四年，民主黨的凱瑞出馬與共和黨的小布希競選美國總統。同是民主黨人，又是頗有威望和魅力的前總統，柯林頓理所當然地出來幫助凱瑞競選，儘管柯林頓幾週前剛剛動完心臟手術。他說，他之所以沒有充分休息就出馬為凱瑞拉票，是因為目前兩位競選人之間的差距實在太小了。

當時競選活動進入最後一週，柯林頓助陣自然是最令民主黨人高興的事。柯林頓一直是民主黨內公認的明星人物。雖然柯林頓可能無法改變布希支持者的立場，但他可以用自己的魅力影響那些仍舉棋不定的選民，促使他們投凱瑞一票。更重要的是，他可以說服那些對凱瑞沒什麼興趣的民主黨選民投凱瑞一票，尤其是民主黨的黑人選民。

柯林頓顯然對自己改變局面的能力很有信心。他在接受媒體採訪時表示，就是因為兩位候選人幾乎是不分上下，所以他要在手術後才六個星期就出來助陣。

投票選舉開始前一週，柯林頓來到賓夕法尼亞州的費城，為凱瑞的競選衝刺助一臂之力。

進入演講主題後，柯林頓說：「你們必須在兩個強人之間做出明確選擇……他們不同的政策會給這座城市、這個州、我們的國家以及全世界帶來迥然不同的結果。」

「在安全問題上……凱瑞將使我們擁有更強大的軍隊，得到更多幫助，以對抗伊拉克，更注重國土安全……更全面地搜索大規模核武殺傷性武器，更集中精力對付『基地』組織，」柯林頓說。

一九九二年初次競選總統時，柯林頓憑藉在政治生涯中百折不撓的精神獲得了「打不倒的小子」的綽號。

他引用自己的這個綽號說：「八天後，約翰．凱瑞將使美國成為打不倒的國家。」凱瑞在柯林頓結束演講後對在場群眾說，他在集會開始前曾經問柯林頓：「你和布希有什麼相同點？」柯林頓風趣地答道：「八天加十二個小時之後，我們都是前總統。」

柯林頓的回答巧妙而精采。

我先得看你的步子有多大

布里茲涅夫

列昂尼德・伊里奈・布里茲涅夫，前蘇聯最高領導人。

布里茲涅夫一九〇六年十二月十九日出生在第聶伯羅捷爾任斯克市一個冶金工人家庭。他十五歲進入鋼鐵廠做工，十七歲加入共青團。一九三一年，布里茲涅夫加入共產黨，並進入第聶伯羅捷爾任斯克冶金學院學習，兼任該學院黨委書記。畢業後，他成為冶金工程師。一九三九年他出任第聶伯羅波德羅夫斯克州黨委書記。蘇德戰爭期間，布里茲涅夫在前線從事政治工作，先後擔任南部方面軍政治部副主任、十八集團軍政治部主任和烏克蘭第四方面軍政治部副主任。一九四三年他獲少將軍銜。一九四六年起布里茲涅夫擔任烏克蘭共產黨查波羅什州委第一書記，四年後調任摩爾達維亞共產黨中央第一書記。一九五二年，布里茲涅夫在聯共第十九次代表大會上當選為中央委員，接著又當選為中央書記，一年後調任蘇軍總政治部副主任，獲中將軍銜。一九五四年起他擔任哈薩克共產黨中央第二書記，翌年任第一書記。在蘇共第十二次代表大會上，布里茲涅夫再次當選為中央委員和中央書記。一九六〇—一九六四年擔任前蘇聯最高蘇維埃主席團主席，一九六四年十月當選為蘇共中央第一書記，兩年後任總書記。一九七五年獲大將軍銜，翌年再獲前蘇聯元帥軍銜。從一九七七年起，布里茲涅夫兼任前蘇聯最高蘇維埃主席團主席和蘇聯國防委員會主席，集黨政軍大權於一身。

在布里茲涅夫任蘇聯和蘇共最高領導人期間，前蘇聯在經濟、文化、社會發展方面都有明顯的進展。然而，在他晚年，出現了言行不一的情況。因此，七〇年代末和八〇年代初經濟增長速度大大降低。由於片面強調發展重工業和維持龐大的軍費開支，人民生活水準難以提升。布里茲涅夫對外推行霸權主義和擴張政策，一九六八年悍然出兵捷克，一九七八年支持越南侵略柬埔寨，一九七九年武裝入侵阿富汗，受到了國際輿論的譴責。一九八二年十一月十日，布里茲涅夫在莫斯科庫圖佐夫大街的寓所突然逝世，得年七十六歲。

布里茲涅夫在台上的時候，人們普遍的印象是他像一隻大笨熊，不過平心而論，他其實並不傻，起碼不像表面上看起來那樣，要不然也就坐不到克里姆林宮的第一把交椅了。其實，他還是頗喜歡動腦筋的。

一九七二年五月，美、蘇領袖尼克森和布里茲涅夫在克里姆林宮握手會談。在尼克森眼裡，布里茲涅夫是個刻板、陰冷的人，他既沒有列寧的超群智慧和政治才能，又沒有史達林的超人鐵腕和無度權欲，更缺乏赫魯雪夫的獨立思考、改革靈感和非凡精力。不過，這位平庸的前蘇聯領導人，有時也會表現出一點幽默感。尼克森聽說，有一次，布里茲涅夫在接見一個西歐代表團時，有人提到華沙公約的武器裝備數量超過了北約，美國對此頗為憂慮，當時布里茲涅夫說：「美國政府的態度，本人是很明確的，這使我想起了西歐的一則幽默故事：母親對女兒的過早談戀愛是很生氣的，她對朋友說：十六歲就交上了男朋友，卻忘了母親三十二歲的生日。」大家都認為布里茲涅夫這話說得很妙。

這一次會談中，尼克森當面領受了布里茲涅夫的妙語如珠。

會議之前，布里茲涅夫不慌不忙地講了一個故事：「從前，有一個俄羅斯農民，徒步前往一個偏僻的鄉村。他知道方向，但不知道有多遠，當他穿過一片樺樹林時，遇到了一個老樵夫，就問他離該村子有多遠？老樵夫說：『我不知道。』農民吸了一口氣，便撒腿走了。突然老樵夫大聲嚷道：『順著這條路，再走十五分鐘就到了。』農民感到莫名其妙，轉身問：『那你剛才為什麼不說？』老樵夫慢慢答道：『我先得看你的步子有多大啊。』」尼克森聽明白了，布里茲涅夫把自己比作「樵夫」，把尼克森比作「農民」，要他在談判中先走一步。

布里茲涅夫巧妙地用「樵夫」和「農民」說明了自己的談判態度：首先看尼克森的「步子」有多大，然後再決定自己怎麼做，使得這次會議得以順利地進行，而且開門見山，也節省了不必要的時間浪費。

我也一樣，我的看法，在台灣就有些人反對

鄧小平

鄧小平（一九〇四－一九九七），四川廣安人。又名鄧斌。前中國領導人。

一九二〇年赴法國勤工儉學。一九二四年參加中國共產黨。後轉赴前蘇聯學習。

一九二六年底回國後被派到馮玉祥部從事政治工作。一九二九年底和一九三〇年初，領導百色起義、龍州起義。一九三一年赴中央革命根據地任軍委總政治部秘書長、《紅星》報主編。

一九三四年十月參加長征，年底任中共中央秘書長。抗日戰爭時期，任八路軍總政治部副主任、一二九師政委。一九四五年中共七大當選為中央委員。解放戰爭時期任晉冀魯豫野戰軍政委，在淮海戰役和渡江戰役中，任總前委書記。

一九四九年後，任中共中央西南局第一書記、西南軍政委員會副主席、西南軍區政委。

一九五二年後任政務院副總理、中共中央秘書長、國防委員會副主席、中央政治局委員、政

治局常委、中央委員會總書記。一九七五年一月，任中共中央副主席、國務院副總理、中央軍委副主席、解放軍總參謀長。一九七八年當選為全國政協主席。一九八二年十二屆一中全會當選為政治局常委、中央顧問委員會主任、中央軍委主席。一九八七年中共十三大後任中央軍委主席。其主要著作已出版的有《鄧小平文選》。

一九七七年一月二十日，民主黨人卡特出任美國第三十九屆總統。由於前蘇聯的擴張趨勢構成了對美國的嚴峻挑戰，卡特急於和中國改善關係，藉以抗衡前蘇聯。他上任後不久就表示：「我對中華人民共和國的政策將以上海公報為指導，我們政策的目標是美中關係正常化。」八月份，卡特派出自己的得力助手美國國務卿萬斯訪華。

一九七八年三月，卡特又命總統國家安全事務助理布熱津斯基訪華，並授權他「看準了就可以見機行事」，但還是應提出美國關注台灣問題的和平解決和美國將在一個時期內保持向台出售武器。

經過艱苦的談判，一九七九年一月一日，中美兩國正式建立外交關係。一月二十九日鄧小平應邀赴美國正式訪問。美國為此舉行了盛大豪華的國宴和別出心裁的文藝晚會，當然也免不了對中國進行一些試探。這對美國當局來說並不奇怪，因為畢竟對中國敵視了二十多年，雙方在意識形態上存在著很大的分歧。再說藉此了解鄧小平這樣的中國領導人對一些問題，特別是台灣問題的看法，機會極為難得。

正式會談之前，美國卡特總統的國家安全事務助理布熱津斯基，這位曾在北京見過鄧小平，並說要請鄧小平到美國品嘗一下美國家庭式聚餐的先生。

這次真的在他的家裡，精心準備了豐盛的晚宴——烤牛肉。席間談到兩國關係時，布熱津斯基對鄧小平說：「在與中國關係正常化問題上，卡特總統在國內遇上了一些困難，您也有困難嗎？」

鄧小平笑道：「是的，我也一樣，我的看法，在台灣就有些人反對。」這一回答，引得在場人士大笑。布熱津斯基也會心一笑。他佩服鄧小平的機敏和風趣。

總統再沒有升遷的機會

凱文・柯立芝

凱文・柯立芝（一八七二—一九三三），美國第三十任總統。

柯立芝生於佛蒙特州，父親曾任州議會議員，母親在他十二歲時去世。柯立芝從阿默斯特學院畢業後參加政治活動，職業是律師。一八九九年任北安普頓市議員。一九一五年當選麻薩諸塞州副州長。一九一八年當選為州長。一九二〇年被提名為共和黨副總統候選人，成為哈定的競選搭檔，競選成功。

一九二三年，哈定總統去世後繼任總統。柯立芝執政時，共和黨四分五裂，國家呈現無政府狀態，聯邦政府信譽掃地。柯立芝抓住國人渴求安定的心理特點，穩紮穩打，改變上述狀態，取得一定成效，從而贏得了一九二四年的大選，獲得連任。一九二八年，當他的第二任總統任期到期後，拒絕再次參加總統競選，自動隱退。退休後著書立說，偶爾也參加一些政治活動。六十歲時，因心臟病發在北安普頓去世。

柯立芝所處的時代正是美國的繁榮時期，美國沒有受到第一次世界大戰的打擊，向歐洲大量出口商品，經濟空前繁榮，人民充滿信心，出現了所謂的「柯立芝繁榮」。

當時，柯立芝採取自由放任的經濟政策，不干涉工商業的發展，對經濟活動採取不干涉的方針，而用減輕稅賦、保護關稅的政策間接管理經濟，使國家呈現出沒有危機、繁榮發展的景象。在外交政策上，繼續順應當時美國民眾的要求，執行孤立主義政策，避免捲入複雜的歐洲事務。

柯立芝以寡言少語而出名，常常被人們稱作「沉默的凱文」。有人就曾說柯立芝「看起來就像從鹽水裡撈出來似的」。

柯立芝卻說：「我認為美國人民希望有一頭嚴肅的驢做總統，我只是順應民心而已。」

由於柯立芝總統的沉默寡言，許多人便總是以和他多說話為榮耀。在一次宴會上，坐在柯立芝身旁的一位夫人千方百計想使柯立芝和她多聊聊。她說：「柯立芝先生，我和別人打了個賭：我一定能從你口中引出四個以上的字眼來。」

「你輸了！」柯立芝說道。

有一次，一位社交界的名媛與總統比肩而坐，她滔滔不絕地高談闊論，但總統依然一言不發，她只得對總統說：「總統先生，您太沉默寡言了。今天，我一定得設法讓您多說幾句話，起碼得超過三個字。」

柯立芝總統咕噥著說：「徒勞。」

柯立芝在總統任期快要結束時，發表了嚴正的聲明：「我不打算再做這行業了。」

記者們覺得他話中有話，老是纏住他不放，請他解釋為什麼不想再當總統了。

實在沒有辦法，柯立芝把一位記者拉到一邊對他說：

「因為總統再沒有升遷的機會。」

俗話說：「高處不勝寒。」當總統表面看起來風光無限，其實也有許多不為人知的煩惱，柯立芝不打算再做這個「沒有提升機會」的「行業」，恐怕正是這個原因。

請不要讓橄欖枝從我手中滑落

阿拉法特

亞西爾・阿拉法特（Yasser Arafat），巴勒斯坦民族解放運動發起者，一位出色的民族領袖，為巴勒斯坦人民實現民族獨立而奮鬥終身的戰士。

阿拉法特於一九二九年八月四日生於耶路撒冷，是一位遜尼派回教徒。

一九四八年第一次中東戰爭爆發後，年僅十九歲的阿拉法特開始投身於對抗以色列的戰爭。二十世紀五〇年代，他在科威特秘密籌組「巴勒斯坦民族解放運動」（簡稱「法塔赫」）及其軍事機構「暴風」部隊。第三次中東戰爭後，阿拉法特一直流亡海外。一九六九年二月，阿拉法特開始擔任巴解組織執委會主席，並從一九七一年起兼任巴勒斯坦革命武裝軍總司令。

一九八七年四月再次當選巴解執委會主席。

一九八九年四月在巴解組織中央委員會會議上當選為巴勒斯坦總統，一九九一年九月蟬聯第二任。一九九一年中東和平進程開始，阿拉法特領導巴勒斯坦解放組織與以色列進行了艱難的談判。一九九三年九月，以、巴在華盛頓簽署了《巴勒斯坦自治宣言》，從而拉開了政治解決巴勒斯坦問題的序幕。

一九九四年五月，巴勒斯坦在加薩走廊和傑里科地區開始實行自治。七月，阿拉法特結束二十七年的流亡生活，回加薩定居。

一九九六年一月，巴勒斯坦舉行歷史上首次大選，阿拉法特當選為巴勒斯坦民族權力機構（自治政府）主席，二月十二日就職。一九九六年四月再次當選巴解組織執委會主席。二○○四年十一月十一日，阿拉法特在法國巴黎因病逝世，享年七十五歲。

阿拉法特是二十世紀的一位重要歷史人物。正是在他的帶領之下，巴勒斯坦民族解放戰爭成為國際政治中備受關注的重大事件之一。為了表彰阿拉法特為和平做出的貢獻，一九九三年九月，聯合國教科文組織授予他「博瓦尼和平獎」。一九九四年，他與以色列總理拉賓、外長培瑞斯共同獲得該年的諾貝爾和平獎。

一九五九年，阿拉法特籌建「巴勒斯坦民族解放運動」，長期帶領巴勒斯坦人民為實現民族獨立和以色列進行戰爭。但是，與以色列的多年戰爭使阿拉法特認識到，雙方誰也無法消滅誰，戰爭解決不了問題。在國際社會的斡旋下，以巴雙方開始尋找政治解決的途徑。

一九七四年十一月十三日，阿拉法特應邀參加第二十九屆聯合國大會關於巴勒斯坦問題的聽證會，受到國家元首級地熱烈接待。四十五歲的阿拉法特第一次出現在聯合國大會上，進行了一次著名的演講，讓世界了解了阿拉法特，也了解了巴勒斯坦民族。腰佩手槍的阿拉法特在聯大會議廳中高聲喊道：

「我今天來到這裡。我一手拿著橄欖枝，一手握著自由戰士的槍。你們不要看著橄欖枝從我的手中滑落！我再重複一遍，請不要讓橄欖枝從我手中滑落！」

「我是帶著橄欖枝來的」表明「希望和平」，因為橄欖枝是和平的象徵；「帶著一個自由戰士的槍來的」說明「在必要時我們會為維護國家、民族利益而戰」；「請不要讓橄欖枝從我手中滑落」則再次表達了呼籲和平的心聲。我們全人類都應該朝著這個目標努力。

你要釣取的應該而且一定是都市、王國和大陸

克麗奧佩特拉

克麗奧佩特拉（西元前六九—前三〇），亦稱「埃及豔后」，是古埃及托勒密王朝執政人。其父托勒密十二世死後，由她及其弟托勒密十三世共同執政。後與其弟產生分歧，並被趕到了敘利亞。在凱撒打敗了托勒密十三世後，她接管了托勒密王位。傳聞其容顏嬌媚如花，曾令凱撒、安東尼等人如醉如癡。在凱撒、安東尼的庇護下，她的王位得到了穩固。後被屋大維囚禁，自殺身亡。

西元前四一年，握有羅馬重權的安東尼召見克麗奧佩特拉。其原因是她提供軍事經費給他的對手凱西烏斯，使他十分不滿，要她前來說明原委。相會地點定在小亞細亞東端的塔爾蘇斯。

克麗奧佩特拉對安東尼用這樣的語氣召見她非常不滿。安東尼是凱撒的部下，而她曾是凱撒的妻子，理應受到尊敬。

也許克麗奧佩特拉又想重溫羅馬帝國的舊夢；也許只是想找一個強大的靠山；也許是想驗證一下她美貌的魅力。心裡雖然懷著不滿，但還是去了。

為了顯示她的女王威風和女性魅力。她乘坐的船用黃金裝飾而成，船上紅帆高揚，銀色的槳在日光下熠熠生輝，水手們在笙、琴的伴奏下，和著弦笛之聲划槳破浪前進。女王端坐船頭，頭上撐著金絲縫製的華蓋，穿著華麗的女王冕服，身旁的侍女打扮得像小天使，乍看之下，活脫脫的一個愛神臨凡。船上還燃著香氣襲人的薰香，更顯得女王飄飄欲仙，秀色可人。塔爾蘇斯位於地中海居德諾斯河畔，女王的船溯江而上，引得兩岸觀眾大呼：「仙女下凡了。」

安東尼其實正在市中心發表演說，這是羅馬執政官的必要本領。聽演說的人聽到河邊人的歡呼都跑到河邊去看，把安東尼冷落在一邊。當晚，安東尼宴請克麗奧佩特拉。女王回說：「與其去您那邊不如來我船上好。」

安東尼欣然前往。安東尼來到船上，船上的豪華裝飾已使他讚嘆不已，而女王的雍容華貴，美豔絕倫以及宴會的奢華，更使他莫名驚詫，驚羨傾倒。安東尼早先應該見過克麗奧佩特拉，她與凱撒來往四年，作為凱撒的部下，他是有機會的。但當時克麗奧佩特拉是凱撒的妻子，安東尼就是吃了熊心豹子膽也不敢有非分之想。現在這個香豔的婦人無人享用，安東尼不禁動了春心，死心塌地拜倒在她的石榴裙下。凱西烏斯的事早就拋到了九霄雲外。

不僅如此，安東尼還拋棄了羅馬的妻子，跟隨女王船隊來到亞歷山大港，住進了女王的王宮之內。克麗奧佩特拉的美貌再一次戰勝了羅馬那不可阻擋的軍隊，俘虜了他們的英雄。

安東尼和克麗奧佩特拉在王宮中過著奢靡懶散的生活，每天大宴賓客，肆意吃喝玩樂。沉醉在他們美妙的愛情和享受不盡的欲望當中。安東尼已完全被克麗奧佩特拉玩弄於股掌之上，言聽計從。

他們時常到海邊釣魚，安東尼釣魚技術非常好，剛一下鉤即有魚來。女王覺得非常奇怪，仔細觀察，發現了他的秘密，原來有人在水底下給他掛魚。女王不作聲。

第二天他們又去釣魚。這次安東尼釣上了一條乾魚，旁人起初驚訝，繼而大笑不止，他非常尷尬。女王不動聲色地說：

「這些釣上來的小東西就隨它去吧。你要釣取的應該而且一定是都市、王國和大陸。」

男兒志在四方，克麗奧佩特拉借助釣魚一事說出了安東尼應該努力的方向，可惜安東尼卻沉迷於這種小把戲，這也正是他之所以失敗的原因之一。

人人生而平等

湯瑪斯・傑佛遜

湯瑪斯・傑佛遜（ThomasJefferson，一七四三—一八二六），美國政治家、思想家、教育家和科學家，第三任總統（一八〇一—一八〇九），民主共和黨創始人。

一七四三年四月十三日，傑佛遜生於維吉尼亞的沙德威爾。一七六九年當選為維吉尼亞議會議員，一七七五年五月，傑佛遜作為維吉尼亞代表參加在費城舉行的第二屆大陸會議。會議指定傑佛遜和富蘭克林等五人組成委員會起草《獨立宣言》。宣言是由傑佛遜執筆，富蘭克林和亞當斯略加修訂而成的。一七七九年起任維吉尼亞州州長。一七八九年四月聯邦政府成立，華盛頓就任第一屆總統。九月傑佛遜被任命為國務卿，一七九三年底辭去國務卿職務，建立和領導民主共和黨，與漢米爾頓領導的聯邦黨相抗衡，對日後美國兩黨制的形成和發展有重大影響。

一八〇〇年傑佛遜當選為美國第三屆總統。一八〇四年再度當選。在兩屆總統任內廢除了前屆亞當斯政府所頒布的《歸化法》、《客籍法》、《敵對外僑法》和《鎮壓叛亂法》，保障了人民的基本權利。積極推行向西擴展的政策。於一八〇三年向法國購買了路易斯安那，使當時的美國國土約增加一倍，為美國資本主義的迅速發展提供了物質基礎。他廢除國產稅，重視發展農業，維護民族經濟。

一八〇四年頒布新《土地法》，允許人民購買面積較小的土地，擴大白人男性所享有的選舉權範圍。一八〇八年宣布禁止奴隸貿易。但他對黑人和印第安人仍實行迫害政策。一八二六年七月四日逝世。

湯瑪斯・傑佛遜，是美國建國者中的年輕人。傑佛遜善於思考和歸納，寫作表達能力很強。他在美國《獨立宣言》的起首所寫下的：「人人生而平等。」「人人擁有生命、自由和追求幸福的權利。」如此簡潔、清晰和強烈，達到了盡善盡美的地步。

傑佛遜一輩子沒有在平民中生活過，卻是一個主張平民權利的理想主義者。他認為，聯邦政府的權力都是各州出讓給中央的，最重要的權力應該是在州政府手裡、在民眾手裡。他讚美「法國大革命」，稱讚普通農民是世界上最好的人。他的性格是熱情的、浪漫的，他主張當時還處於萌芽狀態的平民政治。一八〇〇年，傑佛遜上台。在前任已經打下基礎的政府制度框架下，傑佛遜開始了民主化進程。美國歷史上著名的「傑佛遜民主時代」開始了。

傑佛遜自始至終把自己看作是平民的一員，在擔任總統時，每天下午，他都要獨自騎馬到華盛頓郊區去漫遊，與人民群眾進行廣泛接觸。

一天，傑佛遜碰到一個康乃狄克州人。此人見傑佛遜騎著高頭大馬，衣著平常，以為他是一個馬販子，便與他聊了起來。說著說著，扯到了新上任的總統。對方說：「傑佛遜花錢大手筆。聽說他的每個指頭都戴著戒指。把他的衣服賣了，換回來的錢可買回一個莊園外加兩只手錶。」

傑佛遜聽了哈哈大笑說：

「總統平時穿的衣服還沒有你漂亮哩！如果你不相信，我陪你去見見他。」

當他倆騎馬來到白宮門廳時，僕人趕忙向傑佛遜打招呼：「總統先生！」

那個同行的人頓時驚得目瞪口呆。

傑佛遜並沒有用總統的權威去壓制對他造謠的人，而是用他那幽默、平易近人的作風，用實際行動，輕鬆、巧妙地擊破了謠言，同時也表現出了這位美國歷史上最偉大總統之一的民主精神。

大規模欺騙性武器

約翰・福布斯・凱瑞

約翰・福布斯・凱瑞（John Forbes Kerry），一九四三年十二月十一日出生，是美國麻薩諸塞州議員，二〇〇四年七月二十九日獲民主黨提名為該黨二〇〇四年美國總統的候選人，十一月三日正式宣布承認選舉失敗。

二〇〇三年三月，美國總統小布希以伊拉克擁有大規模殺傷性武器為由，發動了對伊戰爭。但是，直到對伊戰爭結束，美國依然沒有找到伊拉克擁有大規模殺傷性武器的證據。

二〇〇四年十月七日，美國總統布希與副總統錢尼承認伊拉克前總統海珊沒有大規模殺傷性武器。布希在前往威斯康辛州參加競選活動前表示：

「我們的情報機構認為伊拉克擁有（大規模殺傷性）武器，但伊拉克並沒有這種武器。」

顯然，布希把責任推給了情報部門。

這是布希迄今就伊拉克大規模殺傷性武器做出的最明確表示。二〇〇四年六月份在回答記者提問時，布希說他將在「閱讀迪爾費爾最終報告以後」，再確定伊拉克是否擁有大規模殺傷性武器。七月份，布希稱：「我們還沒有在伊拉克找到大規模殺傷性武器。」此言的弦外之音是，美國仍然有可能找到這種武器。十月七日的表態無疑是最明確的。

儘管如此，布希仍然為發動伊拉克戰爭進行辯護。他說：「迪爾費爾報導顯示，海珊利用石油換取食品計畫，試圖影響一些國家和公司，以促使聯合國解除對其制裁。他之所以這麼做，是為了有朝一日，在世界的注意力轉移之後，重新啟動武器項目。」

迪爾費爾是美國負責搜尋伊拉克大規模殺傷性武器的首席武器檢察官，他在二〇〇四年十月六日公布的一份報告中指出，海珊不但沒有大規模殺傷性武器，而且自從一九九一年以來就不再製造這種武器，也沒有能力製造此類武器，報告同時指出，海珊沒有重啟大規模殺傷性武器項目的計畫。

二〇〇四年當地時間十月八日晚間，美國總統布希和民主黨總統候選人凱瑞在密蘇里州進行了他們的第二次電視辯論。由於在十一月二日美國總統選舉投票前，總共要進行三次電視辯論。本場辯論是唯一一場以普通民眾提問方式進行的辯論。因此雙方都十分重視，兩人不僅與現場觀眾互動，而且不時地針鋒相對，整個辯論過程激烈精采，兩位候選人也妙語如珠。

有提問者這樣問道：「凱瑞參議員，我和一些同事、家庭成員和朋友進行討論後，我問那些不想投你票的人：『為什麼？』他們說你太優柔寡斷了。你想回答他們嗎？」

凱瑞是這樣回答的：「是的，我當然想。這位總統在伊拉克沒有找到大規模殺傷性武器，所以他就把總統競選變成『大規模欺騙性武器』。其結果是你們會遭受競選廣告的轟擊，說什麼我改變了立場，一會兒這樣，一會兒那樣，一會兒又怎麼樣。」

大規模殺傷性武器用英語說是「weapons of mass destruction」destruction 一詞是「毀滅、破壞」的意思。凱瑞把「destruction」巧妙地換成「deception（欺騙）」，尖銳地諷刺了小布希利用「伊拉克擁有大規模殺傷性武器」的假報告欺騙美國民眾的行為。當時小布希正因為這個問題而飽受質疑和指責，凱瑞這一妙語可以說是正好戳到了小布希的痛處。

三種愚蠢的人：不懂電腦、不會欣賞音樂和還在吸煙的人

金正日

金正日，北韓最高領導人。

金正日一九四二年二月十六日生於中朝邊境白頭山密營，一九五〇年至一九六〇年就讀於平壤紅旗萬景台革命學院和平壤南山中學，一九六四年畢業於金日成綜合大學政治經濟系。一九六四年六月至一九七四年二月，金正日先後任北韓勞動黨中央委員會科長、副部長、部長、北韓勞動黨中央委員會書記、北韓勞動黨中央委員會政治委員會委員。

從一九八〇年十月起，他歷任北韓勞動黨中央委員會政治局常委、書記、中央軍委委員。一九八二年至一九九八年，他被選為歷屆北韓最高人民會議代表。一九九〇年十二月至一九九三年四月先後擔任北韓人民軍最高司令官、國防委員會第一副委員長和委員長。

北韓最高領導人金日成一九九四年七月逝世後，金正日於一九九七年十月就任北韓勞動

黨總書記。一九九八年九月和二〇〇三年九月分別再次當選國防委員會委員長，現任北韓勞動黨總書記、北韓人民軍最高統帥。金正日堪稱最神秘的國家領導人。

「二十一世紀有三種愚蠢的人：不懂電腦的人、不會欣賞音樂的人和還在吸煙的人。」根據英國廣播公司的報導，北韓領導人金正日已經成功戒煙，這是報導中援引金正日的話。北韓衛生部官員說，應改掉吸煙的壞習慣，把好身體獻給祖國建設事業。

現在，北韓電視台不斷播出宣傳吸煙危害健康的節目，而主管公共衛生的負責人也呼籲廣大人民戒煙，以健康的體魄建設強大的國家。據北韓問題專家估計，在北韓兩千多萬人口中，有四十%的人吸煙，是全世界吸煙人口比例較高的國家之一。

金正日也十分愛好音樂。在二〇〇一年對俄羅斯進行正式訪問前夕，他在平壤接受了俄通社—塔斯社社長伊格納琴科的採訪。在採訪中首次對外透露了有關他的閒暇生活和愛好。

金正日說：

「坦率地講，我的事情非常多。我們的任務是實現偉大領袖金日成生前的願望—在我們的國土上建成強大、繁榮的社會主義國家，儘快實現祖國的統一。強大、繁榮的國家沒有建成，祖國統一沒有實現，我們就不能虛度光陰——這就是我們面臨的現實。」他接著說：「如果說我有什麼愛好的話，那就是站到人民中間去，到軍隊中間去。我想知道，我們的人民和軍人是怎麼生活和工作的，我關心他們，與他們傾心交談，和他們同甘苦、共患難。這就是我最大的快樂、最有益的事。還有我喜歡讀書，喜歡聽音樂。我認為，書籍和音樂是我們的『食糧』，是我們的生活。」

至於電腦，據美國前國務卿歐布萊特回憶，她在金正日的辦公室中曾看到過三台電腦。金正日本人是否精通電腦不得而知，但他領導下的北韓政府近年來一直相當重視電腦領域的開發和研究。據悉，近年來北韓每年都要舉行全國性的軟體大賽。現在，北韓大學中最熱門的科系便是電腦。據說，北韓軍隊的指揮部門已普遍安裝電腦，一些農莊裡也已經開始安裝電腦。

目前，一家南北韓合作建立的網站成為南韓媒體熱炒的對象。據報導，這是一家由南韓某公司出資註冊、北韓方面管理的遊戲網站。該網站的工作人員全部是來自平壤的大學畢業生，他們全天候輪流在網上工作，積極回答南韓網友的每一個問題，還與網友們交換彼此的電子郵件地址。南韓媒體當時曾發出這樣的感慨，以後誰要再想在網上肆意攻擊北韓的話，可一定要小心了，因為北韓已經透過網路聯通了世界。

雖然金正日遭到很多人的非議，但是他這句話還是很有道理的。

計畫之下，困難都會讓路

藤田田

現在日本有一萬多家麥當勞分店，一年的營業總額突破四十億美元大關。創造這一輝煌業績的藤田田，年輕時有一段不凡的經歷。

一九六五年，藤田田畢業於日本早稻田大學經濟學系，畢業之後隨即在一家大型電器公司工作，一九七一年，他開始創立自己的事業，經營麥當勞速食的生意。

麥當勞是聞名全球的連鎖速食公司，採用的是特許連鎖經營機制，而要取得特許經營資格是需要具備相當財力和特殊資格的。而藤田田當時只是一名才出校門幾年毫無任何資金的上班族，根本不具備麥當勞總部所要求的七十五萬美元存款和一家中等規模以上銀行信用支持的苛刻條件。但，只有不到五萬美元存款的藤田田，看準了美國連鎖速食文化在日本的巨大發展潛力，決意要不惜一切代價在日本創立麥當勞事業，於是絞盡腦汁東湊西借起來。

事與願違，五個月下來只借到四萬美元。面對巨大的資金落差，換作一般人也許早就心灰意冷了。然而，藤田田卻偏有對困難說不的勇氣和銳氣，偏要迎難而上遂其所願。

他常把一句話掛在心裡：「在計畫之下，困難都會讓路。」於是，在一個風和日麗的早晨，他西裝革履滿懷信心地跨進住友銀行總裁辦公室的大門。藤田田以極其誠懇的態度，向對方表明其創業計畫和求助心願。在耐心地聽完他的陳述之後，銀行總裁回答：「你先回去吧，讓我再考慮考慮。」

藤田田聽後，心裡即刻掠過一絲失望，但馬上鎮定下來，懇切地對總裁說了一句：「先生，可否讓我告訴您，我那五萬美元存款是怎麼來的嗎？」

「那是我六年來按月存款的收穫，」藤田田說道，「六年裡，我每月堅持存下薪資獎金，分文不動，從未間斷。六年裡，無數次面對紅白帖過多，手頭拮据的時候，我都咬緊牙關，硬撐了過來。有時候，碰到意外事故需要額外用錢，我也照存不誤，甚至不惜厚著臉皮四處借貸，保持固定存款。這是沒有辦法的事，我必須這樣做，因為在跨出大學門檻的那一天我就立下宏願，要以十年為期，存夠十萬美元，然後自創事業，出人頭地。我堅信，在小事情上熬得過的人才能做成大事情。現在機會來了，我一定要提早開創自己的事業……」

藤田田一口氣講了二十分鐘，總裁愈聽神情愈嚴肅，並向藤田田問明了他存錢的那家銀行的地址，然後對藤田田說：「好吧，年輕人，我下午就會給你答覆。」

送走藤田田後，總裁立即驅車前往那家銀行，親自了解藤田田存錢的實際情況。櫃檯行員了解總裁來意後，說了這樣幾句話：「哦，是問藤田田先生啊。他可是我接觸過最有毅力、最有禮貌的一名年輕人。六年來，他真正做到了風雨無阻地準時來我們銀行存錢，老實說，這麼嚴謹的人我真是佩服得五體投地！」

聽完行員說明後總裁大為動容，立即撥了藤田田家裡的電話，告訴他住友銀行可以毫無條件地支持他創建麥當勞事業。藤田田追問了一句：「請問，您為什麼決定要支持我呢？」

總裁在電話那頭感慨萬千地說道：「我今年已經五十八歲了，再過兩年就要退休，論年齡我是你的兩倍，論收入我是你的四十倍，可是，直到今天我的存款卻還沒有你多……我是奢侈慣了。光說這一句，我就自愧不如，敬佩有加了。我敢保證，你會很有出息的，年輕人，好好努力吧！」

您是殺不死我的

東方朔

東方朔（西元前一五四—前九三），西漢文學家、辭賦家。本姓張，字曼倩，山東平原人，漢朝傑出人物。他在政治、軍事、文學藝術多方面都有許多建樹。

漢武帝登基，召天下賢良，東方朔自薦於朝：「臣朔二十有二，長九尺三寸，目若懸珠，齒若編貝，勇若孟賁，捷若慶忌，廉若鮑叔；若此可以作天子大臣矣！」武帝當即召之入朝。偉帝智臣從此開始了五十餘年同興漢室的嬉笑生涯。

東方朔來自下層社會，接觸面較廣，加之又讀過很多書，有著超人的見識，常常能為漢武帝解疑答難，且性格活潑，言語詼諧，深得皇上的歡心。雖有行為不檢之處，也能獲得皇上的諒解。史書評價他「然時觀察顏色，直言切諫」（《漢書・東方朔傳》）。正是由於東方朔在許多時候能為皇上解難答疑，漢武帝一直把他留在身邊沒有讓他走，他的官職也逐步由待詔公車、待詔金馬門，直至太中大夫。但他生性滑稽，言語詼諧，舉止荒誕，常給他的升遷帶來致命的弱點，甚至引起人們的攻擊，以「狂人」之名污之。

有一次，有人向漢武帝獻長生不死酒，卻被東方朔偷去喝掉了。漢武帝聞訊大怒，要殺東方朔。於是，東方朔覲見漢武帝說：

「我已經喝了長生不死酒。皇上如果殺我，我是不會被殺死的；如果我被殺死了，那麼證明這長生不死酒就是假的了，皇上就更不應該殺我了。」

漢武帝聽了東方朔這番話，覺得有道理，遂決定饒恕東方朔。

其實東方朔是故意這麼做的，用以提醒武帝：迷信什麼長生不死是一件很可笑的傻事，切莫上了那些別有用心的小人的當。

俗話說，伴君如伴虎。一不小心就腦袋搬家。況且，哪一朝代的皇帝無不看中長生不死！偷喝聖上的長生不死酒，那還了得，不死才怪！

東方朔之所以這麼自信，源於他對漢武帝的深刻了解，自古賢君講道理不妄殺智臣。可是東方朔必須能講出一個兩全其美的道理來，情急之中，他講出了一個讓皇帝無法痛下殺手的悖論。讓一代偉帝稍稍一動腦筋，當即明白，不能受「長生不死酒」的矇騙，不殺東方朔表示皇帝接受了他的建議。

雖說整個事件中，東方朔都沒提過什麼建議。但萬一真說白了，開門見山，單刀直入地指出漢武帝是個輕信蠢話的笨蛋，君臣關係肯定緊張，局面不好收拾，做臣子的就非死不可了。猶如現今的交際法，既要說出合理的建議又不能使對方太難堪，目的是把事做好，而不是去損傷他人的自尊。這對增進人際關係只會有利而無害。

本是同根生，相煎何太急

曹植

曹植（一九二－二三二），字子建。沛國譙（今安徽亳縣）人。三國時期魏國的傑出詩人。曹操第三子，封陳思王。因富才學，早年曾受曹操寵愛，一度欲立為太子，後失寵。建安十六年（二一一年）年封平原侯，建安十九年（二一四年）改為臨淄侯。魏文帝黃初二年（二二一年）改封鄄城王。曹丕稱帝後，他受曹丕的猜忌和迫害，屢遭貶爵和改換封地。曹丕死後，曹丕的兒子曹睿即位，曹植曾幾次上書，希望能夠得到任用，但都未能如願，最後憂鬱而死，得年四十一歲。

曹氏父子三人是三國時期的著名文學家，合稱「三曹」，為中國文學史留下了許多不朽篇章，曹植的「七步詩」更是一段佳話，其意義已不再是此詩本身價值，它包含了深邃的政治內涵，成了久遠的歷史長河中為了爭奪地位、權力、財產以致兄弟反目、手足相殘的一種寫照。

建安二十五年，曹操去世，曹丕繼魏王位，不久又自稱皇帝。以此為限，曹植的生活從一位過著優游宴樂生活的貴公子，轉變成處處都遭受限制和打擊的對象。曹植曾獲其父曹操的特別喜愛，曹操一度想立他為世子，但疑其乖巧，而不如曹丕心誠，最終聽信賈詡的建議，立曹丕為嗣。曹植得曹丕之忌恨也是情理中事。

曹植與曹丕的戰爭，曹丕是勝利者，最終繼承了魏王位。曹丕和曹植都是魏王曹操和魏王后卞氏所生的，是真正的一母同胞之手足。但曹丕做了皇帝後，深怕曹植的存在威脅到他的帝位，老想伺機除掉曹植。

曹操死後，曹植恰好並沒有來奔喪，這時又有人舉報曹植非但絲毫不顯露悲傷之情，而且還終日飲酒作樂，於是，曹丕派人帶兵將曹植捉拿到京城。他召弟弟上朝，板起臉說：「先皇在世時，屢次誇獎你的文采，如今我以咱們兄弟為題，限你在七步內完成一首詩，文中不許出現兄弟兩個字。你若違背了我的意願，絕不寬恕。」

所幸，出口成詩是曹植的拿手本事。曹植在走到第六步時完成了〈七步詩〉：

煮豆燃豆萁，豆在釜中泣。
本是同根生，相煎何太急。

大臣們肅然，卞太后哭著趕來斥責曹丕。曹丕也被弟弟的詩文所感動，流淚向母后保證，以後再也不為難兄弟了。

一場迫在眉睫的殺戮轉瞬間即被化解。

〈七步詩〉堪稱是精典妙詩，僅在十幾秒內完成，詩內包含著深切濃烈的親情，可見，詩人的情感經歷了一個由平緩到迸發的過程，名為吟物，實則是一首帶有譏諷性質的寓言詩。然而，因為詩人與其譴責對象的特殊關係，所以詩人的口吻裡是委婉而深沉的，譏諷之中夾有提醒和規勸的意思。既反映了曹植的聰明才智，又反映了曹丕迫害手足的殘忍。弟弟憑一首詩消除了哥哥的殺氣，成功地實現自救，挽救了自己的性命。

虛構故事就是我的職業

狄更斯

查理・狄更斯（一八一二—一八七〇），十九世紀英國傑出的現實主義作家。他一生共寫了十四部長篇小說和許多中、短篇小說以及雜文。他的作品廣泛而生動地反映了十九世紀英國資本主義社會的人情世態，描繪了維多利亞時代的社會風貌。他的作品代表了十九世紀英國現實主義文學的最高成就，也是這一時期歐洲文學的重要收穫。他的作品藝術上以妙趣橫生的幽默、細緻入微的心理分析，以及現實主義描寫和浪漫主義氣氛巧妙結合著稱。他的言談舉止和寫作風格竟有著驚人的相似之處。

晚年的狄更斯酷愛釣魚。有一次，狄更斯正在釣魚，一個陌生人走到他跟前問：「怎麼，你在釣魚？」

「是啊！」狄更斯毫不遲疑地抱怨，「今天，釣了半天，沒見一條魚；可是昨天，也是在這個地方，卻釣到了十五條魚！」

「是嗎？」陌生人又問，「那你知道我是誰嗎？我是專門檢查是否有人非法釣魚的，在這段河上是嚴禁釣魚的！」

說著，那位陌生人從口袋裡掏出一本簿子，要記下名字罰款。

見此情景，狄更斯連忙反問：「那麼，你知道我是誰嗎？」

當陌生人驚訝之際，狄更斯直言不諱地說：

「我是作家狄更斯。你不能罰我的款，因為虛構故事就是我的職業。」

罰錢可不是鬧著玩的，要遭受損失，狄更斯可不幹。他隨機應變，巧舌如簧，一句回話便讓管理員無言以對。仔細一想，他的狡辯一點沒錯，句句都佔了個理字，也不知他講的哪個是真的，哪個是虛構的。

這是一種模糊概念的手法，讓管理員丈二金剛摸不著頭腦，真真假假分不清楚。雖說狄更斯被那人套出了一句不利於自身的實話，但他當場抵賴，立刻以另一句更為實在的實話予以否認，且互為補充，互不矛盾。可見，他比管理員更高明，讓管理員跟他的邏輯走，要賴也要耍出個道理來。深諳語言藝術的狄更斯神不知鬼不覺地來了個強詞奪理，反正他怎麼說怎麼有理。

世界上沒有幾人能懂

查理・卓別林

查理・卓別林，一八八九年四月十六日誕生於英國倫敦的一個貧民區。是馳名世界的喜劇大師，也是默片時代的巨星。代表作品有《淘金記》、《馬戲團》，《尋子遇仙記》、《摩登時代》，《大獨裁者》等等。他與眾不同的是把喜劇提升到了一個前所未有的高度，他的喜劇不但引人發笑，而且引人深思，有強烈的現實感及深刻的內涵。他後期的《凡爾杜先生》，《舞台生涯》等同樣出色。一九七七年十二月二十五日，在瑞士科西耶逝世。

卓別林對電影事業的傑出貢獻是有目共睹的，他在一九七二年被美國四十四屆奧斯卡授予特別榮譽獎，也是對這位大師的致敬。

有些偉人自幼就表現出超人的才能，但也有些偉人，卻給人一種極平庸的印象。大科學家艾伯特・愛因斯坦就是後一類人。他的希臘文教師曾對他說「你將一事無成」。然而正是這個性格內向、落落寡歡、不愛和同學們玩耍、記憶力差、特別苦於記單詞和課文的學生，長大後竟成為一名傑出的物理學家，他的理論研究引發了物理界的偉大革命。而查理・卓別林則是世界公認的喜劇大師，

物理學家與喜劇大師，他們兩人撞在一起會發生什麼火花？

愛因斯坦非常欽佩查理・卓別林，一次，他寫信給卓別林，信中寫道：「你的電影《摩登時代》世界上每個人都懂，你一定會成為一個偉人。愛因斯坦敬上。」

卓別林謙虛地回答說：

「我更欽佩你，你的相對論世界上沒有幾人能懂，但你已經成為一個偉人了。卓別林敬上。」

兩個偉大的人以通信的方式，十分簡潔地營造出一個非常風趣的氛圍。一位是已名聲顯赫的物理學天才，另一位是因成功地扮演「流浪漢」而家喻戶曉的大明星。雖說，卓別林的回信看起來不是在急中生智的情形下寫的，但我們可以很容易地聯想到：一個「可憐」的「流浪漢」，突然接到偉大的物理學家的來信，並在信中十分慷慨地誇獎稱讚他。「流浪漢」懷著一顆忐忑不安的心，給予了回覆，回覆得儘量謙恭……這難道不是一種急中生智的表現嗎？

有些議員不是狗娘養的

馬克・吐溫

在世界文學史上曾經有過這樣一樁奇蹟：他的學歷只是小學程度，有一次他在馬路上撿到一張紙片，由此激發了他的興趣，最終他竟成為世界大文豪。好萊塢製片公司曾經花費兩百萬美元拍攝一部有關他生平事蹟的電影。他就是近代最偉大的文學家、幽默作家之一——馬克・吐溫。

馬克・吐溫，本名塞繆爾・朗恩・克萊門斯。馬克・吐溫是其筆名。出生於密西西比河畔小城漢尼拔的一個鄉村貧窮律師家庭，從小出外拜師學徒。當過排字工人、密西西比河水手、南軍士兵，還經營過木材業、礦業和出版業，但最出名的工作是當記者和寫作幽默文學。

馬克・吐溫是美國批判現實主義文學的奠基人，世界著名的短篇小說大師。他經歷了美國從自由資本主義到帝國主義的發展過程，其思想和創作也表現為從輕快調笑到辛辣諷刺再到悲觀厭世的發展階段。代表作品有短篇小說《競選州長》，長篇小說《鍍金時代》、《湯姆歷險記》、《傻瓜威爾遜》等等。

馬克・吐溫被譽為「美國文學中的林肯」。

馬克・吐溫的長篇小說《鍍金時代》曾引起很大回響，他在這本書裡抨擊了美國政府的腐敗和那些政客、資本家的卑鄙無恥。

一八七〇年，馬克・吐溫又在一次酒會上抨擊政府的腐敗和那些政客、資本家的厚顏無恥，有一個記者追問馬克・吐溫對政府官員的看法。

他氣憤地說：「美國國會中有些議員是狗娘養的。」

記者把這句話披露以後，惹得議員們大為惱火，他們紛紛要求馬克・吐溫公開道歉，否則，就將採取法律手段。幾天後，馬克・吐溫果然寫了道歉啟事登在《紐約時報》上：

日前敝人在酒席上發言，說「美國國會中有些議員是狗娘養的」。事後有人向我與師問罪。我考慮再三，覺得此話不恰當，而且也不符合事實。故特此登報聲明，把我的話修改如下：「美國國會中的有些議員不是狗娘養的。」

罵人家是狗娘養的，顯然不合適、不禮貌。但是罵腐敗官員是狗娘養的倒也無傷大雅，情有可原，只是粗魯了些。但是，不去特指而泛泛地罵，就不夠尊重人了，好在是馬克・吐溫一時的氣話，倒也可以原諒。

那些被罵的議員明顯是被惹毛了，要討回公道。

馬克・吐溫的對策是不改初衷，只是把他露骨的罵語隱含起來，用排除法，排除掉「美國國會中的有些議員不是狗娘養的」。讓議員們自我感覺自己不是狗娘養的。事實上，原意不變，美國國會中還是有些議員是狗娘養的。

祖死，父死，子死，孫死

仙崖禪師

仙崖禪師（一三四四—一四三一），日本古代著名的佛家禪師，是位善思能辯的智者，他的佛學造詣也相當高，被尊為日本古代的高僧，受世人崇拜。

日本古代，有位家財豐厚的富翁懇請仙崖禪師為他的家族書寫祝語，祝福家族永遠興旺，並欲把仙崖的書法作為傳家寶，代代相傳。

仙崖揮筆寫下：「祖死，父死，子死，孫死。」

富翁大驚失色，怒火中燒地喝道：「我只請你寫幾個祝福的字，你怎敢胡寫亂塗，詛咒污辱我的家人。」

仙崖禪師解釋說：「我從不胡寫。試想一下，假如你的兒子死在你前面，你將十分悲痛；假如你的孫子死在你的兒子前面，那你和你的兒子都會傷心欲絕的。反過來，倘若你的家族，一代一代按我寫的次序死，便叫做享盡天年，我以為這才是真正的人丁興旺呢！」

那位富翁一聽，高高興興地接受了，他果然將仙崖的書法視作傳家寶，世代流傳。

話糙理不糙，智者的名言蘊含著豐富而深刻的佛家哲理。仙崖禪師的直言表白直截了當地指明了壽終正寢才是俗人最完美的歸宿。俗人最忌「死」字，甚至提都不敢提。仙崖教我們坦然面對死亡，因為死亡是人生中的一部分，誰也無法逃避，能正確理解死，便能正確理解生，這樣，人生才會有意義。

一句平實、樸拙的祝語，暗含著博大精深的佛學道理。佛家智者傳播佛教的時候，最善於用潛移默化的方式宣講佛門理學。教徒們總能在一些簡單的小故事中悟出深邃的佛理。因此，佛教是當今世界上流傳最廣泛的三大宗教之一，它的信徒成千上萬，分佈於世界各地。

人生，是每一個人生命旅程中唯一經營的項目，創造幸福是它的附加值和目的。生命的過程，就是經營人生的過程，須細細把握生命中的點點滴滴，慎重接受每一次選擇，以理性的態度和健康的心理瀟灑應付始料未及的變故。不揮霍生命，也絕不吝惜投入。

我只是一滴清水，不是肥皂水，不能吹泡泡

楊絳

楊絳（一九一一—？），本名楊季康，錢鍾書先生的夫人，中國社會科學院外國文學研究員，作家、評論家、翻譯家。祖籍江蘇無錫，生於北京。

一九三二年畢業於蘇州東吳大學。一九三五—一九三八年留學英、法，回國後曾在上海震旦女子文理學院、清華大學任教。一九四九年後，任職於中國社會科學院文學研究所、外國文學研究所。主要作品有劇本《稱心如意》、《弄假成真》，長篇小說《洗澡》。文革後主要的散文創作成果是《幹校六記》、《將飲茶》、《我們仨》等，另出版有《楊絳譯文集》。

錢鍾書、楊絳夫婦在學界德高望重，《圍城》、《洗澡》兩部書更令他們聲名遠播。一九九八年，錢鍾書先生逝世，在人生的伴侶離去四年後，九十二歲高齡的楊絳用心記述了他們這個特殊家庭六十三年的風風雨雨、點點滴滴，結成回憶錄《我們仨》，深受讀者喜愛。

人民文學出版社曾經出版過八卷本的《楊絳文集》，收有她的小說、散文、戲劇、文論和翻譯作品，讓我們看到了楊絳作為一位小說家、評論家和翻譯家的多方面才能。楊絳在〈自序〉裡自謙說：「我不是專業作家；文集裡的全部作品都是隨遇而作。我只是一個業餘作者。」

可是，我們看到，楊絳不論創作還是翻譯都是用「心」寫的。尤其是散文，作者自由自在地描寫她的心靈世界，描述的對象不論是大千世界，還是生活細節，都有她獨特的體會。她的文風舒緩從容、清麗淡雅，常常是一些平淡的白描式文字透露出作者的深情。

《楊絳文集》出版後，人民文學出版社擬邀請楊絳出山，召開作品研討會。孰料楊絳一口回絕，說自己絕不會出席什麼作品研討會，她說：「把稿子交出去了，剩下怎麼賣書的事情，就不是我該管的了。而且我只是一滴清水，不是肥皂水，不能吹泡泡！」

本來，一個人出書了，開個座談會、研討會什麼的，與藝文界人士談談創作，交流交流，也算好事一樁。但楊絳卻對此如此反感，顯然事出有因。

想想也是，曾幾何時，在我們的出版行業之中，也興起了炒作之風，不少所謂的「研討會」成了炒作工具，趨利而去，已經沒有什麼學術味了。這種「研討會」，唱和的聲音多，說真話的少。更有甚者，有些出版商、銷售商，不惜花費鉅資，雇請幾位名人做手為作品抬轎、頌讚，甚至炮製和散發一些與學術研究無關的「爭議」和「風波」資訊等，以圖獲取轟動效應。

如此的作品「研討會」，早已是名不副實了。

楊絳女士之所以向作品「研討會」說「不」，顯然是衝著這一現象而來的。這表明了她不想成為被炒作的對象，更不想因為自己的介入而利於這類炒作之風。這不僅顯現了一名真正的知識份子所具備的好品性，而且表現了楊絳女士的道德良知及不願與世俗合流的可貴品質。

據說，楊絳女士還強調：作品「研討會」，其實應該叫作品「檢討會」，否則，它對作家來說就沒有多大的意義。看得出，楊絳女士固然反對目前「吹泡泡」式的作品「研討會」，但對於真正研究作品的研討會，亦有自己獨特的見解。

「聲名猶如大河，空虛無物者浮，真實有才者沉」，楊絳女士這種甘於做清水，不願做吹泡泡的肥皂水的態度，表現的是一種對名利淡然處之的精神，在浮華喧囂的今日，的確值得我們尊敬。

他們活著是為了吃飯，我吃飯是為了活著

亞里斯多德

亞里斯多德（Aristotole，西元前三八四—前三二二），世界古代史上最偉大的哲學家、科學家和教育家之一。

亞里斯多德西元前三八四年生於馬其頓的斯塔吉拉城。其父為馬其頓國王的御醫。十七歲赴雅典就讀於柏拉圖學院，在那裡學習二十年，直到柏拉圖死後一段時間，方才離開那裡。

西元前三四二年，亞里斯多德回到馬其頓，擔任十三歲的王子亞歷山大的教師；這位王子就是後來的亞歷山大大帝。他負責教導亞歷山大王子長達三年之久。西元前三三五年，亞歷山大登上王位之後，亞里斯多德返回雅典，開辦了自己的學校，一住就是十二年；與此同時，亞歷山大大帝正忙於對外軍事擴張。看來亞歷山大並不想從老師那裡得到什麼勸導，反而為老師提供了大量錢財，以便讓他繼續從事科學研究。科學家依靠國家財力進行科學研究，

這是歷史上的第一次，也是其後數世紀中所沒有出現過的情況。

雖然如此，亞里斯多德朝夕陪伴亞歷山大也是很危險的。亞里斯多德反對亞歷山大的獨裁統治方式。亞歷山大以背叛罪處決亞里斯多德的姪子時，簡直就像也殺死了亞里斯多德。亞里斯多德與亞歷山大關係密切，因而激起雅典人的義憤。西元前三二三年，亞歷山大大帝駕崩，反馬其頓的運動再次興起，義軍佔領了雅典。亞里斯多德自感無能為力，遂想起七十六年前蘇格拉底的命運，藉口說不給雅典人反對哲學家的機會，逃離了該城。在避難地隱居幾個月之後，於西元前三二二年逝世，享年六十二歲。

亞里斯多德對於世界的貢獻是令人震驚的。他有一百七十多部著作，留傳於世的僅四十七種。著述數量多寡無關緊要，重要的是他的知識淵博無比，令人嘆服。他的科學著作構成當時的科學知識百科全書。他的著作涉及天文學、動物學、胚胎學、地理學、地層構造學、物理學、解剖學、生理學等，總而言之，古希臘人已知的各個學科、各種知識領域無所不包。同時，他也是一位真正的哲學家，在哲學的各個方面都有豐富建樹。

有人曾經問亞里斯多德：「你與平庸人有什麼不同？」

「他們活著是為了吃飯，而我吃飯是為了活著。」哲學家這樣回答說。

生命是一種進攻，生存是一種拚搏，生活是一種進取，因為現實世界有太多的困難、太多的競爭、太多的誘惑。無疑地，必然也會有太多的考驗。有的考驗似陣陣雷鳴，讓人難以冷靜；有的考驗似霏霏細雨，讓人難以抵擋；有的考驗如風花雪月，讓人陶醉；有的考驗似良藥苦口，讓人警醒；有的考驗是朋友真誠的規勸；有的考驗是對手欺騙的謊言；有的考驗是良心的敲打，道德的洗禮；有的考驗是美麗的陷阱，人格的蛻變。

人有層次之分，自然也有素質之別。努力工作和耕耘，以求餵飽全家人的工人和農民，他們並不認為人生沒有意義；追尋真理和知識，努力推動社會進步的學者，他們並不認為人生沒有意義；「心中為念農桑苦，耳裡如聞凍餓聲」的心懷蒼生的領導者，他們並不認為人生沒有意義。支配著他們有意義生活的動力是三種單純的激情，那就是對於親情的渴望；對於知識的追求；對於苦弱的憐憫。

按理說，好的學生應該有好的成績，高層次的人應該有高層次的境界。王侯將相與蓬門荊釵總不該一般見識，富商巨賈也總不能像引車賣漿的那樣，為一個銅板和人家斤斤計較。然而，事實並非如此。職務高並不等於層次高，名氣大也不等於胸襟大。

如果以對自己有何意義作為前提去問愛因斯坦為何要進行科研，去問魯迅為何要寫作，去問畢卡索為何要畫畫，他們肯定難以找到任何答案。

如果我們以這樣的角度去看萬物，就會發現生命的意義無處不在：在無垠的宇宙中燃燒的太陽雖然只不過是一粒一閃即滅的星火，但是相對於人類，卻是生存的根本，因為它給了我們這個世界生生不息的動力；在貪官們眼裡勤廉的從政者雖然只不過是一頭又倔又傻的老黃牛，但是相對於所轄民眾，卻是夢寐的福祉，因為他可以使人民遠離饑餓和寒冷並平安快樂地生活；在其他家庭看來一位貧困的母親雖然只不過是無關緊要的女人，但是相對於她的孩子，卻是偉大的天使，因為她賜予了孩子生命、力量和勇氣。

我只看我所有的，不看我所沒有的

迪姬茨

她站在講台上，不時地揮舞著她的雙手；仰著頭，脖子伸得好長好長，與她尖尖的下巴拉成一條直線；她的嘴張著，眼睛瞇成一條線，神情怪異地看著台下的學生；偶爾她口中也會咿咿吾吾的，不知在說些什麼。基本上她是一個不會說話的人（只是語言上），但是，她的聽力正常，只要對方猜中，或說出她的意見，她就會樂得大叫一聲，伸出右手，用兩個指頭指著你，或者拍著手，歪歪斜斜地向你走來，送給你一張用她的畫製作的明信片。

她就是大名鼎鼎的迪姬茨，一位自小就染上小兒麻痺症的病人，小兒麻痺症奪去了她肢體的平衡感。命運對她是如此殘酷，父母還沒有從她得小兒麻痺症的陰影中走出來，上帝又剝奪了她發聲講話的能力。從小她就活在諸多肢體不便及眾人異樣的眼光中，她的成長充滿了血淚。然而她沒有讓這些外在的痛苦擊敗她，在父母信任的目光中，她昂然面對，她以常人難以想像的行動，迎向一切的不可能，終於皇天不負苦心人，她獲得了加州大學藝術博士學位。

她用自己的手當畫筆，以色彩告訴人「我比一些健康的人，生活得更為快樂」，並且燦爛地「活出生命的色彩」。全場的學生都被她不能控制自如的肢體動作震懾住了。這是一場令人震撼、與生命相遇的演講會。

「請問迪婭茨博士，」一名學生小聲地問：「您從小就長成這個樣子，請問您怎麼看您自己？您沒有怨恨嗎？」

這位學生的老師心一緊，真是太不成熟了，怎麼可以在大庭廣眾之下問這個問題，太傷人了，很擔心迪婭茨會受不了。

「我怎麼看自己？這位同學問得真好，也就只有你們這些小鬼才敢問我這樣的問題。」迪婭茨用粉筆在黑板上重重的寫下這些字。她寫字時用力極猛，整塊黑板似乎都有些搖晃，寫完這個問題，她停下筆來，歪著頭，回頭看著發問的同學，然後嫣然一笑，回過頭來，在黑板上洋洋灑灑地寫了起來：

我覺得自己非常好，我有這麼多的優點，為什麼要難過呢？

1我好可愛！2我的腿很長很美！3爸爸媽媽這麼愛我！4朋友們這麼愛我！5上帝這麼愛我！6我會畫畫！我會寫稿！7我有隻可愛的小狗！8還有……

也許，現在你們很難理解，不過當你們到了我這個年紀的時候，你們想起這些，才會徹底明白我此刻的想法。

忽然，教室內鴉雀無聲，沒有人敢講話。她回過頭來定定地看著大家，再回過頭去，在黑板上寫下了她的結論：

「我只看我所有的，不看我所沒有的。」

掌聲由學生群中響起，看看迪婭茨傾斜著身子站在台上，滿足的笑容，從她的嘴角蕩漾開來，眼睛瞇得更小了，臉上有一種永遠也不被擊敗的傲然。同學們坐在位子上看著她，不覺感動得熱淚盈眶。許多年過去了，這句話仍舊鮮活地刻印在眾人心中。

流行，流行就一定好嗎？

赫爾岑

赫爾岑（一八一二—一八七〇），俄國革命民主主義者、政論家。

赫爾岑生於莫斯科一個貴族家庭，早年在莫斯科大學求學，因組織革命小組被捕流放。一八四七年流亡西歐，一八五二年移居倫敦，透過建立「自由俄羅斯印刷所」（一八五三年）、出版《北極星》（一八五五年）和《鐘聲》（一八五七年）等刊物，鼓動人們反對農奴制度和專制統治。一八七〇年病逝於巴黎。十九世紀俄羅斯革命史中，無論是左派政治活動家還是右派政治家，都將赫爾岑奉為他們的先驅。

赫爾岑年輕的時候，有一次，他的女朋友請他參加一個音樂會。音樂會開始沒多久，赫爾岑就用雙手摀住耳朵，低著頭，露出厭倦之色。不久，他便打起瞌睡來。

女朋友看到赫爾岑這樣，覺得很奇怪，便問他：「難道你不喜歡聽音樂嗎？怎麼音樂一響你就成了這副樣子？」

赫爾岑搖了搖頭，說：「這樣怪異、低級的樂曲有什麼好聽的？」

「你說什麼？」女朋友大叫起來，「天啊！你竟然說這音樂低級？你知不知道，這是現代社會最流行的音樂！」

赫爾岑心平氣和地問女朋友：「難道說流行的就一定好嗎？」

「那是當然了，不好的東西怎麼會流行呢？」女朋友反問。

「那照你的意思，流行感冒也是好的了？」赫爾岑微笑著回答。

女朋友頓時啞口無言。

在這個故事裡，赫爾岑的女朋友認為這次音樂會是好的，只因為它是流行的，而流行的東西都是好的，這就是她的論據。而赫爾岑卻以流行感冒為例，駁倒了女朋友的論據，從而也駁倒了她的觀點。

「射人先射馬，擒賊先擒王」。荒謬的論點是靠荒謬的論據支撐的，如果能將對方的論據「這匹馬」射倒，證明其論據不充分、不真實，那麼對方靠論據支撐的論點必將不攻自破。

不！這是你們的傑作

畢卡索

畢卡索（一八八一—一九七三），出生於西班牙，是當代西方最有創造性和影響最深遠的藝術家，他和他的畫在世界藝術史上佔據了不朽的地位。

畢卡索是位多產畫家，據統計，他的作品總計近三萬七千件，包括：油畫一千八百八十五幅，素描七千零八十九幅，版畫兩萬幅，平版畫六千一百二十一幅。

跟一生窮困潦倒的文森・梵谷不同，畢卡索的一生輝煌之至，他是有史以來第一個活著親眼看到自己的作品被收藏進羅浮宮的畫家。在一九九九年十二月法國一家報紙進行的一次民意調查中，他以四十％的高票當選為二十世紀最偉大的十位畫家之首。

對於作品，畢卡索說：「我的每一幅畫中都裝有我的血，這就是我的畫的含義。」他的名畫《格爾尼卡》就表現了這一點。

格爾尼卡，西班牙的一座小鎮，但是它卻因為畢卡索的名畫《格爾尼卡》而出名。

格爾尼卡小鎮坐落在西班牙北部的巴斯克地區，現有人口一點五萬。二十世紀九〇年代末，格爾尼卡被國際旅遊界納入地球上自然環境保護得最好、人文景觀最有特色的十大「人間天堂」之列。這裡是綠色的王國，滿目青山，滿眼綠地。這裡有「小橋流水人家」的古樸，河流縱橫交錯，河水清澈照人。這裡還有歐洲人至今也沒能破解的巴斯克人自己的語言文字和文學。

建於十四世紀中葉的格爾尼卡曾是巴斯克地區的首府。小鎮像一幅畫，一幅令人看了還想再看的畫。她很美很美，似窈窕淑女，端莊、典雅、寧靜、祥和。小鎮又是一首詩，一首極為悲壯、沉重的史詩。第二次世界大戰爆發前夕，她幾乎被德國法西斯的砲火夷為平地。面對德國法西斯給小鎮造成的巨大災難，西班牙畫家畢卡索以小鎮遭劫為表現內容的傳世之作《格爾尼卡》向全人類發出了吶喊，小鎮也因這幅鉅作而出名。

一九三七年四月二十六日，應西班牙獨裁者佛朗哥的要求，希特勒德國干涉西班牙內戰，出動飛機向格爾尼卡投下了十萬磅炸彈。當日正逢小鎮集市，市民毫無防備，人們倉皇奔逃，希特勒的飛機卻又低空飛行，跟蹤並掃射逃跑的人們。居民傷亡慘重，據非官方統計，一千五百多人被當場炸死，四分之三建築物被徹底毀滅。

僑居巴黎的畢卡索得知格爾尼卡被希特勒轟炸後義憤填膺，懷著滿腔愛國激情創作了寬七點七六公尺，高三點四九公尺的油畫《格爾尼卡》。這幅巨畫表現了畫家對德軍法西斯暴行強烈的憤慨，也激起了全人類一切有正義感的人士的憤慨。

當時，德國的將軍和士兵經常出入巴黎的畢卡索藝術館。有一天，在藝術館的出口處，畢卡索發給每位德國軍人一幅《格爾尼卡》複製品。

一名德軍蓋世太保頭目指著這幅畫問畢卡索：「這是您的傑作嗎？」

「不，這是你們的傑作！」畢卡索嚴肅地回答。

這幅畫以變形和寓意手法描繪了人們慘遭法西斯暴行的悲慘情景。畫面用牛、馬、燈、花、母親、士兵和持燈婦女等人與物交錯組成，呈現出一派悲壯氣氛。畫面左側，一位悲痛欲絕的母親懷抱被炸死的嬰兒仰天哭喊；中間，一匹被刺傷的馬昂頭嘶鳴，據畫家本人說，這匹馬象徵正在遭受災難的西班牙人民；馬的身下躺著一名士兵，右手握著劍，劍旁有一朵鮮花，寓意著畫家對死難者的悼念；再往右，一名婦女從窗子裡探出身，右手舉著一盞眼睛似的燈，燈光射向四周，法西斯的罪惡在燈光裡暴露無遺；畫面右側，是一個女人在爆炸聲中從樓上跌下的情景。她舉著雙手，抬頭向上呼救……這幅畫用黑、白、灰三色繪成，所有人物或陰鬱，或壓抑、恐懼，痛不欲生……給人留下一種難以擺脫的震撼。

畢卡索一句話就辛辣地揭露了納粹法西斯殘暴的罪行。

幹不了，謝謝

胡適

胡適（一八九一—一九六二），原名胡洪騂、嗣糜，字希疆，參加留美考試後改名適，字適之，安徽績溪人。現代學者、歷史學家、文學家、哲學家。

胡適早年在上海的梅溪學堂、澄衷學堂求學，初步接觸了西方的思想文化，受到梁啟超、嚴復思想的極大影響。一九〇六年考入中國公學，一九一〇年考中「庚子賠款」留學生，赴美後先入康乃爾大學農學院，後轉文學院學習哲學。一九一五年入哥倫比亞大學研究院。一九一七年回國，任北京大學教授，一九三八年被任命為中國駐美大使。抗戰勝利後，一九四六年任北京大學校長，一九四九年先赴美國，後去台灣。一九五四年，任台灣「光復大陸設計委員會」副主任委員。一九五七年，出任台灣「中央研究院」院長。一九六二年，在一場酒會上心臟病突發去世。

胡適先生於一九一六年十一月發表了那篇劃時代的著作——〈文學改良芻議〉。在文中胡適先生共提出八條建議：1.須言之有物；2.不摹仿古人；3.須講求文法；4.不作無病呻吟；5.務去爛調套語；6.不用典；7.不講對仗；8.不避俗字俗語，特別強調「在所有的文學裡，皆用活的文字——用俗語、用白話」。這篇文章首先在胡適先生自己主編的《中國留學生季報》上發表，後又於一九一七年一月在《新青年》刊出。這篇文章在中國文化界引起了極大的回響。陳獨秀、錢玄同對胡適先生的「芻議」大為賞識。

自此之後，胡適便開始提倡白話文運動，並試用白話文來做一切文學的媒介。

一九一八年起《新青年》雜誌所載文章都以白話文為主編寫。一九一九年至一九二〇年間，全國大小學生刊物據統計達四百餘種，全是以白話文寫成。其勢有如破竹。一九二〇年三月胡適出版的《嘗試集》是中國新白話詩的第一本集子。胡適原本認為，要推廣白話文，至少要經過二十五年或三十年才會有相當的結果，但它成熟得如此迅猛，真的使他大感驚喜和意外。

白話文給「五四」文學革命注入了新的生命，它反對文言，提倡白話，建立新詩，改革舊劇的運動，帶來了文學語言形式的大革新、大解放。從此新文學社團蜂起，各種流派爭奇鬥豔，文學領域呈現出一派生機勃勃的氣象。

一九三四年秋，胡適在北大講課時又對白話文的優點大加頌揚。一位同學提出抗議：「胡先生，難道說白話文就沒有絲毫的缺點嗎？」

胡適衝著他微笑著說：「沒有的。」那位同學更加激憤地反駁道：「肯定是有的！白話文語言不精練，打電報用字多，花錢多。」

胡適柔聲細氣地解釋道：「不一定吧！前幾天行政院有位朋友給我打來電報，邀我去做行政院秘書，我不願從政，決定不去，為這件事我覆電拒絕。覆電是用白話寫的，看來也很省字。請同學們根據我這一意願，用文言文編寫一則覆電，看看究竟是白話文省字，還是文言文省字？」

十五分鐘過後，胡適讓同學們自動舉手，報告用字數目，然後從中挑選一份用字最少的文言電稿，電文是這樣寫的：「才疏學淺，恐難勝任，不堪從命。」

胡適說：「這份寫得確實簡練，僅用了十二個字。但我的白話電報卻只用了五個字：幹不了，謝謝。」

如果用空洞的理論去說明白話文的優越性，肯定是費力不討好的事，不但不容易說清楚，學生們也不見得會接受。胡適巧妙地用五個字就說明了這個道理，讓學生們一下就認同了白話文相較於文言文的優點，從另一方面大力推動了白話文的發展，的確可以說是「一字千金」了。

我無罪而死，死得很光明磊落

蘇格拉底

蘇格拉底（西元前四七〇—前三九九），古希臘著名的哲學家、教育家。世界上有兩位偉大的古代哲學家、教育家，在東方是孔子，在西方則是蘇格拉底，兩人至今尚為世人稱頌不已。

蘇格拉底的家境並不富裕，父親的職業是雕刻工匠，母親是一名產婆。少年時期他曾抱著繼承父業的理想，一度學習雕刻，終因沒有興趣而中止。但喜歡研究哲學、天文和幾何。蘇格拉底的妻子名叫燦蒂柏（Xanthippe），頗有悍名。夫妻的感情並不和睦，因為這位大師終日坐在雅典的大街上，或在神廟前，和一般青年講學論道，既不要束脩，也沒有其他謀生的職業，從不關心自己的妻小。所以在妻子的眼光中，蘇格拉底是一個遊手好閒、無所事事的人，是一隻帶回麻煩而不帶回麵包的懶蟲。蘇格拉底常自稱為「牛虻」，他的妻子也這樣叫他。牛虻是吸牛血的蠅子，她竟將丈夫比作家中的吸血鬼，平時夫妻間經常起爭執，可是每當燦蒂柏大發雷霆時，這位大哲學家總是默不作聲，使強悍的妻子常感到氣結。據說有一次，在蘇格拉底仍作無言的抗議時，他的妻子氣不過，在盛怒之下，將一桶水潑淋在丈夫的頭上，這位大師只微笑著說：「我知道在陣雷之後，一定會有疾雨的。」

其實，他們夫妻的感情並不如想像的那樣壞，平時雖不免常有矛盾，但一到緊要關頭，夫妻的真情便會自然的流露出來。

由於蘇格拉底堅持真理、主張正義，經常批評雅典統治階層的腐敗，甚至批評一些最高領導人，因而遭到他們的嫉恨。西元前三九九年春，在他七十歲的時候，他被雅典的統治者以「不敬神」、「腐蝕青年」為罪名判處死刑。他的學生和朋友們多次勸他逃離雅典，並為他安排了萬無一失的脫逃計畫。但他堅決拒絕。他認為，儘管加給他的罪名純屬誣陷，但他既是雅典的公民，就應該遵守雅典的法律。行刑的那天，來看望他的學生和親友都十分悲痛，而他卻鎮定自若，談笑依舊，最後從行刑官手裡接過毒酒，一飲而盡，從容赴死。

當蘇格拉底被判死刑的消息傳到他妻子的耳朵裡，燦蒂柏痛哭不已，淚流滿面。到這個時候，這位哲人仍然很輕鬆地對他的弟子們說：

「你們勸她回家吧！我一生最怕見女人流眼淚了。」

她的妻子哭著說：「蘇格拉底，你是冤枉的呀！你不能無罪而死啊！」

想不到蘇格拉底回答說：「我無罪而死，死得很光明磊落啊！難道要我有罪而死嗎？」從柏拉圖的《理想國》中，我們能清楚地看到，蘇格拉底對現世法律所抱以的極大信賴和遵從感。正義的理念是法律的精髓，而這也正是法律統治臣民的理由。蘇格拉底堅信他的城邦的法律也是正義的，是能給他清白的，也是值得讓他遵守的。

所以，面對這種莫須有的指控，蘇格拉底沒有像很多人一樣，逃往國外，而是接受了。在辯護中，蘇格拉底大義凜然，剛毅不屈，駁斥了對他的一切指控，因而激怒了審判官，最後被判處死刑。

蘇格拉底之死是人類歷史上一大悲劇。黑格爾說：「這一事件的悲劇性在於兩種公正的衝突，兩種倫理資深的衝突。因為雅典法律代表公共宗教與城邦利益，而蘇格拉底則代表了個人倫理和自由的實踐。衝突的結局是，以言論自由和民主著稱的雅典殺死了實踐這一自由的偉大哲學家。」因此，美國資深報人史東在《蘇格拉底的審判》一書中說，他的死「在民主身上永遠留下了一個污點，這乃是雅典的悲劇性罪行」。但正如黑格爾所說：「雅典的法律有權對蘇格拉底進行反擊，結果雙方都公正，雙方歸於失敗。」

蘇格拉底是天生的幽默大師，無論在什麼時候，他都能保持輕鬆愉快的心情。當他面臨死亡的一剎那，仍然是妙語如珠，沖淡了不少的悲哀氣氛，也表達了他對自己的信念的畢生追求。

有理想、有目標，自然就有作法

海夫納

海夫納一九二六年四月九日出生於一個猶太家庭。其父親格連當時在美國芝加哥一間鋁製品公司當會計，家庭收入不多，生活十分清貧。海夫納讀完中學後就無法再升學，當時正值第二次世界大戰激烈之時，他應徵參軍。

一九四五年大戰結束後，海夫納於一九四六年三月退役。由於當時美國規定持有軍方推薦的退伍軍人有優先進入大學的權利，海夫納進入了伊利諾斯大學讀書。在他大學期間，美國一位博士發表了關於女性性行為的文章，在社會上引起了轟動。海夫納對金賽博士的文章也很感興趣，從此他經常閱讀這方面的書籍。就這樣，為他日後創辦並因此發跡的雜誌《花花公子》打下了基礎。

事實上，這也是猶太人的一種普遍特性，即從青少年期，他們便樹立人生的奮鬥目標，之後千方百計為達到目標而努力。

一九四九年海夫納大學畢業，在芝加哥一家漫畫公司謀得一職，每週薪資四十五美元。由於收入微薄，他仍住在父母家裡，甚至結婚後一段時間也如此。在美國，男子一般成年或有工作後，都會搬離父母家，獨立生活，而海夫納因收入不多，租不起房子，只好暫住在父母家裡。早已確立了奮鬥目標的海夫納在漫畫公司工作了幾個月後，經過四處尋訪，終於找到一家叫《老爺》的雜誌聘用他，每週薪資六十美元。

海夫納到該公司工作目的是「醉翁之意不在酒」，每週多十五美元對其生活無濟於事，他志在該公司學習到經營手法和熟悉市場。因為《老爺》是美國早年最暢銷的雜誌之一，讀者主要是男性，以女性裸照為主要內容。海夫納從讀大學時，就一直是該雜誌的忠實讀者，他早就希望有朝一日能進入該雜誌工作。

一九五一年，海夫納已對《老爺》雜誌的運作瞭若指掌，他要求增加薪資不被老闆接受，於是決定離開自行創業。他決心辦一份類似《老爺》的雜誌，要與《老爺》一爭高下。儘管有凌雲壯志，無奈卻無足夠資本，這常使他捉襟見肘，苦不堪言。加上妻子生下一女，生活負擔又加重了，他創業的設想只好暫時擱置。為了生活，他不得不又到一家兒童雜誌做發行工作，此時週薪為一百美元，生活稍微得到改善。但他卻沒有放棄的打算，一面工作，一面策劃自己的刊物。

海夫納從父親那裡借得幾百美元，另外從銀行貸得四百美元，剛好湊足一千美元，他決心以這點資金作為創辦雜誌的本錢，辦一本名叫《每月女郎》的月刊。由於他汲取了《老爺》的經營之道，加上自己的改進，第一期發行即打響名號，共銷售五萬多本，達到了空前成功，十五個月後，每期售量直線上升，達三十萬份，海夫納開始發跡了。

海夫納在創刊號就採用了驚人的「撒狗血」的狠招，他以僅有的一千美元資本，用去五百美元買下一幀金髮女郎的裸照，那是日後大紅大紫的女影星瑪麗蓮．夢露。

眾所周知，美國是個號稱開放的自由社會，美國人喜好極端，對性強調到令人難以置信的地步。海夫納的雜誌則是以裸照為主的一本畫冊，迎合了美國社會的潮流和一些民眾的心理，因此不少人願意掏錢購買。況且海夫納辦的《每月女郎》比已暢銷的《老爺》雜誌更為「開放」，除了裸體照外，還大談性的問題。因此，他的雜誌一上市，立即成為暢銷書。當海夫納正要出版第二期的《每月女郎》時，他突然接到《老爺》雜誌的律師函，警告他的雜誌魚目混珠，揚言如不將《每月女郎》改名，則要起訴他。海夫納反覆思考後，認為「小不忍則亂大謀」，刊名無所謂，關鍵是內容吸引讀者。於是他低頭從命，把雜誌改名為《花花公子》。結果，改名後的雜誌更暢銷，主要因為美國社會的傳統與道德價值當時正在發生改變，《花花公子》正反映了當時的變化。

把一個大目標分解成一個個小目標，逐步實現

山田本一

一九八四年，在東京國際馬拉松邀請賽中，日本選手山田本一奪下了世界冠軍。這非常出乎大家的意料，在這之前，很多人甚至沒有聽說過他的名字。一時之間記者們蜂擁而上，爭著去採訪這匹黑馬。有人問他為什麼能取得這麼好的成績，山田本一的回答只有簡短的一句話：「憑的是智慧。」

這句話同樣讓大家莫名其妙：馬拉松賽是比賽體力和耐力的項目，要求運動員有良好的身體素質和耐力，在什麼地方可以體現智慧呢？記者們欲再度追問，但山田本一已匆匆離去。所有見報的文章都沒有在這個問題上多做文章。可能很多記者也確實不以為然，覺得山田本一的獲勝僅僅是個偶然。

不料在兩年後的義大利國際馬拉松邀請賽上，山田本一又獲得了世界冠軍。有記者提出了同樣的問題，而山田本一給出的仍是同樣的答案：我靠的是智慧。

這一次，記者們不再輕易放過山田本一，但無論他們怎麼再問，山田本一卻絕不再多說什麼。

十年後，退役後的山田本一出版了自己的自傳，解開了謎底。

原來，山田本一與其他的馬拉松運動員毫無區別，從起跑線一開始，選手們的目標就是四十多公里外終點線上的那面旗幟。遙遠的距離漸漸地磨掉了選手的興奮和緊張，往往在跑了十幾公里後，山田本一就有些疲憊，腳步不自覺地就會慢下來。為此，他很苦惱。

有一次，山田本一很偶然地在一本雜誌上看到一篇文章，文章中的一段話給他留下了很深的印象：

「我們並不是沒有目標，但由於路程遙遠，我們總享受不到成功的喜悅，往往在中途就疲憊地放棄了。我們應該把一個大目標分解成一個個小目標，逐步實現之。」

這篇文章是講人生道理的，但山田本一覺得好像就是在給他講馬拉松的秘密。他反覆琢磨，終於想到了一個辦法。

此後，每次比賽之前，山田本一都要乘車把比賽的線路仔細地看一遍，並把沿途比較醒目的標誌畫下來，比如第一個標誌是銀行；第二個標誌是一棵大樹；第三個標誌是一座紅房子……這樣一直畫到賽程的終點。

比賽開始後，山田本一就奮力地向第一個目標衝去，等到達第一個目標後，接著又以同樣的速度向第二個目標衝去。四十多公里的賽程，就被他分解成這麼幾個小目標輕鬆地跑完了。

山田本一的成功給我們很大的啟發。在人生道路上，我們很早就會給自己設定一個宏偉的目標，但這個目標距我們的今天往往有很遙遠的距離，至少「四十多公里」。在漫漫的征途中，我們努力，我們堅持……，可一段時間後，我們發現，目標依然那麼遙遠，在看看周圍的人，腳步同樣的沉重和疲憊，於是，我們的腳步也逐漸慢了下來。隨後，我們的目光會慢慢地被路邊的景色所吸引，停下來或偏離以前的方向，最後，隨波逐流，到哪算哪，原來的那個目標也就成了一個壓在心底的青春時的夢想。

把大目標分解成小目標，每天有每天的成就，每年有每年的進步，奮鬥著，成功著，喜悅著，我們已經接近了那面鮮豔的旗幟……

世界菁英

01	拿破崙全傳：世界在我的馬背上	艾米爾路德維希	定價：320元
02	曼德拉傳：風雨中的自由鬥士	謝東	定價：350元
03	朴槿惠傳：只要不絕望，就會有希望	吳碩	定價：350元
04	柴契爾夫人傳：英國政壇鐵娘子	穆青	定價：350元
05	梅克爾傳：德國第一位女總理	王強	定價：350元
06	普京傳：還你一個奇蹟般的俄羅斯	謝東	定價：420元

職場生活

01	公司就是我的家	王寶瑩	定價：240 元
02	改變一生的156個小習慣	憨氏	定價：230元
03	職場新人教戰手冊	魏一龍	定價：240元
04	面試聖經	Rock Forward	定價：350元
05	世界頂級CEO的商道智慧	葉光森 劉紅強	定價：280元
06	在公司這些事，沒有人會教你	魏成晉	定價：230元
07	上學時不知，畢業後要懂	賈 宇	定價：260元
08	在公司這樣做討人喜歡	大川修一	定價：250元
09	一流人絕不做二流事	陳宏威	定價：260元
10	聰明女孩的職場聖經	李娜	定價： 220元
11	像貓一樣生活，像狗一樣工作	任悅	定價：320元
12	小業務創大財富—直銷致富	鄭鴻	定價：240元
13	跑業務的第一本Sales Key	趙建國	定價：240元
14	直銷寓言	鄭鴻	定價：240元
15	日本經營之神松下幸之助的經營智慧	大川修一	定價：220元
16	世界推銷大師實戰實錄	大川修一	定價：240元
17	上班那檔事--職場中的讀心術	劉鵬飛	定價：280元
18	一切成功始於銷售	鄭鴻	定價：240元
19	職來職往--如何找份好工作	耿文國	定價：250元
20	世界上最偉大的推銷員	曼尼斯	定價：240元
21	畢業5年決定你一生的成敗	賈司丁	定價：260元
22	我富有，因爲我這麼做	張俊杰	定價：260元
23	搞定自己 搞定別人	張家名	定價：260元
24	銷售攻心術	王擁軍	定價：220元
25	給大學生的10項建議：祖克柏創業心得分享	張樂	定價：300元

26	給菁英的24堂心理課	李娜	定價：280元
27	20幾歲定好位；30幾歲有地位	姜文波	定價：280元
28	不怕被拒絕：銷售新人成長雞湯	鄭鴻	定價：280元
29	我富有，因爲我這麼做－Ⅱ	張俊杰	定價：240元

身心靈成長

01	心靈導師帶來的36堂靈性覺醒課	姜波	定價：300元
02	心靈導師A.H.阿瑪斯的心靈語錄	姜波	定價：280元
03	生死講座——與智者一起聊生死	姜波	定價：280元
04	圓滿人生不等待	姜波	定價：240元
05	看得開放得下─本煥長老最後的啓示	淨因	定價：300元
06	安頓身心--喚醒內心最美好的感覺	麥克羅	定價：280元
07	捨不得 捨得是一種用金錢買不到的獲得	檸檬公爵	定價：260元
08	放不開--你爲什麼不想放過自己？	檸檬公爵	定價：260元

典藏中國：

01	三國志--限量精裝版	秦漢唐	定價：199元
02	三十六計--限量精裝版	秦漢唐	定價：199元
03	資治通鑑的故事--限量精裝版	秦漢唐	定價：249元
04-1	史記的故事	秦漢唐	定價：250元
05	大話孫子兵法--中國第一智慧書	黃樸民	定價：249元
06	速讀二十四史--上下	汪高鑫李傳印	定價：720元
08	速讀資治通鑑	汪高鑫李傳印	定價：380元
09	速讀中國古代文學名著	汪龍麟主編	定價：450元
10	速讀世界文學名著	楊坤　主編	定價：380元
11	易經的人生64個感悟	魯衛賓	定價：280元
12	心經心得	曾琦雲	定價：280元
13	淺讀《金剛經》	夏春芬	定價：210元
14	讀《三國演義》悟人生大智慧	王　峰	定價：240元
15	生命的箴言《菜根譚》	秦漢唐	定價：168元
16	讀孔孟老莊悟人生智慧	張永生	定價：220元
17	厚黑學全集【壹】絕處逢生	李宗吾	定價：300元
18	厚黑學全集【貳】舌燦蓮花	李宗吾	定價：300元

19	論語的人生64個感悟	馮麗莎	定價：280元
20	老子的人生64個感悟	馮麗莎	定價：280元
21	讀墨學法家悟人生智慧	張永生	定價：220元
22	左傳的故事	秦漢唐	定價：240元
23	歷代經典絕句三百首	張曉清 張笑吟	定價：260元
24	商用生活版《現代36計》	耿文國	定價：240元
25	禪話•禪音•禪心禪宗經典智慧故事全集	李偉楠	定價：280元
26	老子看破沒有說破的智慧	麥迪	定價：320元
27	莊子看破沒有說破的智慧	吳金衛	定價：320元
28	菜根譚看破沒有說破的智慧	吳金衛	定價：320元
29	孫子看破沒有說破的智慧	吳金衛	定價：320元
30	小沙彌說解《心經》	禾慧居士	定價：250元
31	每天讀點《道德經》	王福振	定價：320元
32	推背圖和燒餅歌裡的歷史	邢群麟	定價：360元
33	易經：現代生活的智慧	孫三寶	定價：280元
34	《傳習錄》白話本	姜波	定價：330元
35	《史記》故事導讀	姜波	定價：340元
36	《資治通鑑》故事導讀	姜波	定價：300元
37	厚黑學全集【參】厚黑心術	李宗吾	定價：300元
38	《碧巖錄》中的100大智慧	于水音	定價：280元
39	入骨相思知不知	維小詞	定價：300元
40	厚黑學全集【肆】厚黑之道	李宗吾	定價：300元
41	一本書讀懂戰國史	秦漢唐	定價：420元
42	厚黑學全集【伍】厚黑妙法	李宗吾	定價：300元

經典中的感悟

01	莊子的人生64個感悟	秦漢唐	定價：280元
02	孫子的人生64個感悟	秦漢唐	定價：280元
03	三國演義的人生64個感悟	秦漢唐	定價：280元
04	菜根譚的人生88個感悟	秦漢唐	定價：280元
05	心經的人生88個感悟	魯衛賓	定價：280元
06	論語的人生64個感悟	馮麗莎	定價：280元
07	老子的人生64個感悟	馮麗莎	定價：280元
08	易經的人生64個感悟	魯衛賓	定價：280元

人物中國：

05	睜眼看慈禧	李 傲	定價：240元
06	睜眼看雍正	李 傲	定價：240元
07	睜眼看秦皇	李 傲	定價：240元
08	風流倜儻-蘇東坡	門冀華	定價：200元
09	機智詼諧大學士-紀曉嵐	郭力行	定價：200元
10	貞觀之治-唐太宗之王者之道	黃錦波	定價：220元
11	傾聽大師李叔同	梁 靜	定價：240元
12	品中國古代帥哥	頤 程	定價：240元
13	禪讓--中國歷史上的一種權力遊戲	張 程	定價：240元
14	商賈豪俠胡雪巖（精裝）	秦漢唐	定價：169元
15	歷代后妃宮闈傳奇	秦漢唐	定價：260元
16	歷代后妃權力之爭	秦漢唐	定價：220元
17	大明叛降吳三桂	鳳 娟	定價：220元
18	鐵膽英雄一趙子龍	戴宗立	定價：260元
19	一代天驕成吉思汗	郝鳳娟	定價：230元
20	弘一大師李叔同的後半生-精裝	王湜華	定價：450元
21	末代皇帝溥儀與我	李淑賢口述	定價：280元
22	品關羽	東方誠明	定價：260元
23	明朝一哥 王陽明	呂 崢	定價：280元
24	季羨林的世紀人生	李 琴	定價：260元
25	民國十大奇女子的美麗與哀愁	蕭素均	定價：260元
26	這個宰相不簡單--張居正	逸 鳴	定價：260元
27	六世達賴喇嘛倉央嘉措的情與詩	任倬灝	定價：260元
28	曾國藩經世101智慧	吳金衛	定價：280元
29	魏晉原來是這麼瘋狂	姚勝祥	定價：280元
30	王陽明悟人生大智慧	秦漢唐	定價：280元
31	不同於戲裡說的雍正皇帝	秦漢唐	定價：240元
32	不同於戲裡說的慈禧太后	秦漢唐	定價：240元
34	後宮女人心計	秦漢唐	定價：220元
35	心學大師王陽明	秦漢唐	定價：200元
36	大明帝王師：劉伯溫	秦漢唐	定價：320元
37	謀聖 張良傳	鍾漢民	定價：360元
38	成吉思汗・鐵木真	王憶城	定價：360元
39	司馬懿職場筆記	秦漢唐	定價：300元

國家圖書館出版品預行編目資料

世界名人名言 /
黃河長 作 -- 一版. -- 臺北市：廣達文化, 2014.11
面 ; 公分. -- （文經書海：79）
ISBN 978-957-713-559-9(平裝)
1.格言

192.8　　103020597

書山有路勤為徑
學海無涯苦作舟

世界名人名言

作　者：黃河長
叢書別：文經書海 79
出版者：廣達文化事業有限公司

文經閣企畫出版
Quanta Association Cultural Enterprises Co. Ltd
編輯執行總監：秦漢唐

通訊：南港福德郵政 7-49 號
電話：27283588　傳真：27264126

E-mail：siraviko@seed.net.tw
www.quantabooks.com.tw

製　版：卡樂彩色製版印刷有限公司
印　刷：卡樂彩色製版印刷有限公司
裝　訂：秉成裝訂有限公司

代理行銷：創智文化有限公司
23674 新北市土城區忠承路 89 號 6 樓
電話：02-2268-3489　傳真：02-2269-6560

一版一刷：2014 年 11 月
定 價：240 元

書山有路勤為徑

學海無崖苦作舟

文經閣

書山有路勤為徑

學海無崖苦作舟

文經閣